West Chicago Public Library District
118 West Washington
West Chicago, IL 60185-2803
Phone # (630) 231-1552
Fax # (630) 231-1709

# CONFIANZA TOTAL
## PARA VIVIR MEJOR

Verónica de Andrés
Florencia Andrés

# CONFIANZA TOTAL
## PARA VIVIR MEJOR

AUTOESTIMA - COACHING - INTELIGENCIA EMOCIONAL - LIDERAZGO - MOTIVACIÓN - NEUROCIENCIAS

Obra editada en colaboración con Grupo Editorial Planeta – Argentina

Diseño de la portada: Departamento de Arte de Editorial Planeta
Diseño de interior: Susana Mingolo

© 2010, Verónica de Andrés y Florencia Andrés

Derechos exclusivos de edición en castellano reservados para todo el mundo:
© 2010, Grupo Editorial Planeta S.A.I.C. – Buenos Aires, Argentina

© 2010, Editorial Planeta Mexicana, S.A. de C.V.
Bajo el sello editorial DIANA M.R.
Avenida Presidente Masarik núm. 111, 2o. piso
Colonia Chapultepec Morales
C.P. 11570 México, D.F.
www.editorialplaneta.com.mx

Primera edición impresa en Argentina: agosto de 2010
ISBN: 978-950-49-2381-7

Primera edición impresa en México: octubre de 2010
ISBN: 978-607-07-0512-0

Ninguna parte de esta publicación, incluido el diseño de la portada, puede ser reproducida, almacenada o transmitida en manera alguna ni por ningún medio, sin permiso previo del editor.

Impreso en los talleres de Litográfica Ingramex, S.A. de C.V.
Centeno núm. 162, colonia Granjas Esmeralda, México, D.F.
Impreso en México – *Printed in Mexico*

*Para nuestras familias, por habernos inspirado desde siempre confianza total.*

# ÍNDICE

INTRODUCCIÓN .................................................. 15

**1. LOS DOS PARADIGMAS QUE MUEVEN AL MUNDO** ....... 21
El amor y el miedo: una elección vital ...................... 26
Los frutos de cada paradigma ................................ 28
Flexibilidad vs. rigidez ..................................... 28
Motivación vs. desmotivación ................................ 30
Optimismo vs. pesimismo ..................................... 32
Excelencia vs. perfeccionismo ............................... 34
Esfuerzo vs. sacrificio ..................................... 34
Perdón vs. resentimiento .................................... 35
Paz interior vs. violencia .................................. 37
Del paradigma del miedo al paradigma del amor ............... 38
Prácticas ................................................... 39
   I. Los beneficios del perdón ............................. 39

**2. VIVIR SIN MIEDO** ........................................ 41
Tiempos de crisis ........................................... 44
Revertir la adversidad ...................................... 45
¿Qué nos pasa cuando tenemos miedo? ......................... 48
Estrategias para superar el miedo ........................... 49

1. El poder de la visualización: imaginar lo que quieres en lugar de lo que temes ............................................. 50
    La energía de la imaginación ............................................. 52
    Visualiza tu éxito ............................................. 53
    Técnica de visualización ............................................. 54
2. La desidentificación: «Yo soy yo» ............................................. 56
3. Las tres A: ¡Admítelo, Atiéndelo y Atrévete! ............................................. 58
4. La reinterpretación de los fracasos ............................................. 59
Superar el miedo ............................................. 64
Prácticas ............................................. 66
    I. Los siete pasos de la visualización efectiva ............................................. 66
    II. Calmar nuestra mente a través de la música ............................................. 67

## 3. LA CONFIANZA Y LA AUTOESTIMA ............................................. 69
Los beneficios de la confianza ............................................. 72
Cómo aumentar la confianza en la vida diaria ............................................. 74
El poder de los compromisos: cumplir las promesas ............................................. 75
El poder de la responsabilidad: dejar la postura de víctima ............................................. 76
El poder de la coherencia: buscar la integridad ............................................. 77
Atravesar los desafíos ............................................. 78
Reconocer los logros ............................................. 79
La autoestima: el cimiento de la confianza ............................................. 80
¿Por qué es tan importante la autoestima? ............................................. 82
¿Cómo puedo hacer para construir o reforzar mi autoestima? ............................................. 84
Síntesis de los principios importantes para construir la autoestima ............................................. 86
La imagen de uno mismo: el amor empieza contigo ............................................. 87
La mirada y las palabras de los otros ............................................. 88
El caso de «la barra brava» ............................................. 90
Usamos máscaras para protegernos ............................................. 94
Síndromes del «todopoderoso» y «del barril sin fondo» ............................................. 95
La autoestima: un tema apasionante ............................................. 96
Entre el ser real y el ser ideal ............................................. 98
La importancia de valorarnos a nosotros mismos ............................................. 99
El camino hacia la confianza y la autoestima ............................................. 102
Prácticas ............................................. 103
    I. Para reflexionar acerca de tu autoestima: ¿Te gusta quién eres? ... 103
    II. Cómo aumentar la confianza y la motivación de nuestros hijos en relación con sus estudios ............................................. 105

## 4. EL PODER DE LAS EMOCIONES *COACHING* Y NEUROCIENCIAS ... 109
La nueva medicina de las emociones ... 111
El amor es una necesidad biológica ... 113
La inteligencia de las emociones ... 114
La era del cerebro ... 116
Las emociones son clave en la toma de decisiones ... 117
Cómo tomar las decisiones más importantes de nuestra vida ... 118
Atención: las emociones son contagiosas ... 120
El contagio emocional: la comunicación entre las amígdalas ... 121
«Llora todo lo que quieras»: el peligro de reprimir las emociones ... 124
¿Para qué sirve cada emoción? ... 125
La alegría: el tiempo de la celebración ... 127
La tristeza: una señal para cerrar heridas ... 128
El miedo: una emoción que nos invita a prepararnos ... 129
El entusiasmo: el impulso hacia los objetivos ... 130
El aburrimiento: el puntapié para la innovación ... 131
La culpa: un llamado al perdón ... 132
El enojo: una invitación a restaurar límites vulnerados ... 133
La gratitud: la necesidad de ser agradecidos ... 134
¿Cómo funcionan las emociones en nuestro cerebro? ... 135
El secuestro emocional: ser rehenes de nuestras propias emociones ... 137
La última jugada del mejor jugador ... 140
Escuchar y desactivar las alarmas ... 142
Adueñarnos de nuestras emociones en 6 segundos ... 143
Cómo cambiar los estados de ánimo negativos ... 147
El caso de Pablo ... 149
La inteligencia de nuestras emociones ... 152
Prácticas ... 153
    I. Los cinco pasos de Fred Kofman para trabajar mis emociones ... 153
    II. Los cinco pasos para ayudar a trabajar las emociones de los otros ... 154
    III. El diario de gratitud ... 155

## 5. EL PODER DE LOS PENSAMIENTOS
Usar la mente para crear lo que queremos ... 157
Tenemos una mente poderosa, ¡aprendamos a usarla! ... 160

Cómo adueñarnos de nuestros pensamientos .................... 161
Los pensamientos nos hacen trampa: las distorsiones
    cognitivas ............................................................ 162
Cómo impactan los pensamientos en nuestra salud .............. 165
Sin amor la vida es imposible ............................................ 167
Guiar nuestros pensamientos: cómo evitar las preocupaciones ...... 170
El Apocalipsis en nuestra mente ........................................ 171
Juan aprendió a dominar su mente .................................... 172
Cómo detener el piloto automático .................................... 175
El discurso de la queja .................................................... 176
Cuando los pensamientos positivos no son suficiente ............ 179
Usar el pensamiento para crear un proyecto de vida ............ 181
El buen uso de la mente .................................................. 185
Prácticas ...................................................................... 186
    I. Los tres pasos para disolver las creencias limitantes .......... 186
    II. Los nueve pasos para crear afirmaciones efectivas .......... 187

## 6. EL PODER DE LAS PALABRAS
La clave de la comunicación efectiva .................................. 189
Antes del lenguaje no había nada ...................................... 192
Las palabras tienen poder ................................................ 194
Los cinco principios para activar el poder de las palabras .......... 195
Crear confianza con palabras íntegras ................................ 196
Dar y recibir opiniones con sabiduría ................................ 197
Evitar las conclusiones apresuradas .................................... 200
Entregar lo mejor de uno mismo con alegría y flexibilidad ...... 201
Activar el poder del reconocimiento .................................. 202
El reconocimiento efectivo .............................................. 204
¿Por qué no reconocemos a los demás? .............................. 206
¿Cuáles son las claves del reconocimiento efectivo? .............. 208
Conversaciones efectivas .................................................. 208
La escucha efectiva ........................................................ 209
Conversaciones difíciles: los siete pasos .............................. 212
El efecto de las palabras .................................................. 215
Saber usar las palabras .................................................... 217
Prácticas ...................................................................... 218
    I. Algo bueno y algo nuevo ........................................ 218

## 7. INTELIGENCIA EMOCIONAL Y LIDERAZGO EXTRAORDINARIO ... 219
Despertar al líder interior ... 221
Las premisas falsas del liderazgo ... 226
Primera premisa falsa: «Las emociones no importan» ... 226
Segunda premisa falsa: «Ser inteligente alcanza» ... 230
¿Qué es la inteligencia emocional? ... 231
Mitos de la inteligencia emocional ... 231
Aprender a desarrollar la inteligencia emocional ... 233
Oprah Winfrey: una líder extraordinaria ... 236
Tercera premisa falsa: «Los líderes deben ser fuertes» ... 237
Cómo cortar con el síndrome del sacrificio ... 239
No todo lo que brilla es oro ... 243
Prácticas ... 245
    I. La teoría de las inteligencias múltiples ... 245
    II. Desarrollar la inteligencia emocional ... 246

## 8. EL PODER DE LOS SUEÑOS ... 249
Toda meta empieza siendo un sueño ... 252
Sacar lo positivo de lo negativo ... 253
Primer principio: tener un sueño ... 255
La estrategia de Walt Disney: las tres salas ... 255
Que la opinión de los otros no te detenga ... 257
Diseñar un sueño ... 259
Segundo principio: tener confianza en uno mismo ... 260
Podemos hacer mucho más de lo que nos imaginamos ... 260
No te autolimites ... 262
La importancia de rodearse de buena compañía ... 262
Tercer principio: ponerse en acción ... 263
Saber pedir ... 267
Cuarto principio: perseverar ... 269
¿Qué hacer cuando alguien nos dice que no? ... 271
Haciendo realidad nuestros sueños ... 272
Prácticas ... 273
    I. Cómo diseñar un sueño ... 273

**EPÍLOGO: ¿SE PUEDE APRENDER A SER FELIZ?** .................. 275

CONFIANZA TOTAL ............................................ 282

BIBLIOGRAFÍA ............................................... 285

AGRADECIMIENTOS ............................................ 291

ACERCA DE LAS AUTORAS ...................................... 297

# Introducción

Con frecuencia me preguntan si siempre sentí confianza en mí… No, no siempre fue así. Los primeros años de mi vida fueron muy difíciles. A los once años perdí a mi padre, a quien yo adoraba. A los pocos años falleció mi madre, y yo, aún menor de edad, sentía que quedaba sola en el mundo. El miedo de esos años dejó heridas profundas… heridas que en su momento no entendí y que hoy reconozco como mi principal fuente de conocimiento de lo que una persona necesita para vivir sin miedo, para superar obstáculos y para conectarse con esa fuerza interior que llamamos confianza total. Fue en esos años en los que conviví con el dolor que empecé a descubrir mi misión en la vida: ayudar a que otras personas pudieran aprender a confiar en sí mismas más allá de sus circunstancias y poder ofrecerles herramientas y conocimientos que ayudaran a mantener viva esa fuerza interior que todos tenemos… y que a veces olvidamos.

Fui plasmando esta misión de distintas maneras. En primer lugar, estudiando e investigando todo lo que pudiera ayudar a las personas a ganar confianza, a quererse y reconocerse, a alcanzar grandes resultados con menos desgaste, a ser más felices. Mis años de investigación académica en la Universidad de Oxford Brookes me permitieron comprobar de manera irrefutable lo que desde muy joven había sentido a nivel intuitivo: que, cuando se mejora la autoestima de una persona, todos sus resultados en la vida se potencian de manera exponencial. Fueron muchos años de sembrar estas semillas en los ambientes educativos, donde pude entrenar a profesores en varias partes del mundo y pude ver también que estas enseñanzas funcionaban de maravillas en mis alumnos universitarios de la maestría de *coaching* organizacional. También tuve grandes experiencias transmitiendo estas herramientas a grupos de padres, que veían los resultados en sus hijos casi de inmediato. Creo que sin buscarlo empecé también a trabajar en las empresas, viendo cómo estos principios y herramientas también daban allí resultados extraordinarios. Fueron más de veinte años de viajar por los cinco continentes, siendo testigo de un fenómeno único: todas las personas con las que interactuaba —desde docentes en Nigeria hasta ingenieros en Suecia— veían en este mensaje algo muy valioso. Muchas veces, al terminar un seminario me decían: «¡Quiero tu libro!»

Empecé a escribir este libro hace aproximadamente diez años… y luego lo dejé. Algo en mi interior me decía que debía esperar, que todavía no estaban todas las experiencias de vida necesarias para terminarlo… ¡Hoy me doy cuenta de que durante todo ese tiempo de espera no sólo estaban creciendo las raíces de los textos, sino que Florencia, mi hija mayor, también estaba creciendo! Y hoy, con sus jóvenes 30 años y su experiencia como consultora, *coach*, periodista, profesora universitaria y directora de proyectos, es la coautora de este libro. Un libro que nació inspirado en nuestra película *Confianza Total*, y que surgió con el deseo de llevar el poder del amor y la confianza a cada rincón del mundo.

Este libro es el producto de aprendizajes realizados durante más de 20 años. Los contenidos de este libro son el resultado de sucesivas investigaciones personales y también del aprendizaje de muchos autores, investigadores, académicos, consultores y expertos en desarrollo personal, *management* y neurociencias.

El objetivo principal de este libro es transmitir los principios y herramientas que construyen la confianza. Son ideas y prácticas que ayudan a superar miedos, a trascender creencias limitantes, a construir la autoestima, a usar las emociones con inteligencia, a guiar los pensamientos para alcanzar metas, a despertar al líder interior que todos llevamos potencialmente dentro de nosotros y a diseñar los sueños.

*Confianza Total* está estructurado en ocho capítulos nutridos con teoría, hallazgos científicos, casos reales y ejercicios prácticos. El libro se inicia presentando los dos paradigmas que mueven al mundo, el miedo y el amor, descubriendo los resultados de vivir en cada paradigma. El viaje continúa con la exploración de la emoción que prevalece en las crisis, el miedo, y se brindan estrategias concretas para vencerlo. En el capítulo tres se desarrollan dos temas centrales: la confianza y la autoestima, y se ofrecen las mejores herramientas para desarrollarlas. En el capítulo cuatro se explora el poder de las emociones desde las perspectivas del *coaching* y las neurociencias y se presentan ideas innovadoras para que las emociones nos jueguen a favor.

Hemos organizado el capítulo cinco sobre el poder de los pensamientos, en él presentamos estrategias para aprender a usar la mente con el objetivo de crear lo que queremos. En el capítulo seis trabajamos con el poder de las palabras que son, junto con la escucha efectiva, las claves para una buena comunicación y para allanar conflictos. En el capítulo siete nos adentramos en los territorios de la inteligencia emocional y del liderazgo; allí se revelan cuáles son las habilidades que tienen los líderes extraordinarios y cómo desarrollarlas para destacarnos en cualquier contexto. En el capítulo ocho se brindan los cuatro principios fundamentales que son necesarios para hacer realidad un sueño, y se dan ejemplos de vida de grandes soñadores que alcanzaron sus metas. Por último, en el epílogo hablamos de la felicidad, ese término que, aunque parece inalcanzable, está a centímetros de nuestras manos. Desde nuestra mirada la felicidad puede empezar a construirse en el momento en que tomamos la decisión de adueñarnos de nuestra vida y de reconectarnos con esa fuerza interior a la que llamamos «confianza total».

Es nuestro deseo que todos aquellos que lean este libro se apropien de los conceptos que exploramos y pongan en práctica las ideas que están escritas, pues sabemos que funcionan. ¡Hemos sido testigos de las transformaciones más increíbles! Hemos recibido en nuestros cursos a personas que se acercaban con timidez y que terminaron dando exposiciones frente a audiencias, radiantes de confianza. Hemos visto a mujeres que se sentían desmotivadas, hasta apáticas, y que después de poner en práctica estos principios se reconectaron con el entusiasmo y con nuevos proyectos de vida. Hemos descubierto a personas muy talentosas, a las que les faltaba confianza para interactuar con otros, transformarse en líderes extraordinarios. Hemos oído a médicos prestigiosos decir: «Jamás pensé que encontraría tantos hallazgos científicos en un curso de este tipo y que esto cambiaría mi manera de vivir». Hemos observado cómo empresarios estresados y preocupados lograban encontrar el equilibrio perdido y descubrían la emoción de dejar un legado. Hemos interactuado con padres que casi no se hablaban con sus hijos y que, de pronto, encontraban la palabra justa, en el momento adecuado. Hemos ayudado a familias que atravesaban momentos de gran fragilidad y que, al confiar en estas técnicas, salían de las crisis revitalizadas. Hemos comprobado que algunas personas que, a pesar de haber alcanzado todas sus metas y sentirse vacías, lograban encontrar un propósito superior que volvía a cargar de significado y felicidad sus respectivas vidas.

En resumidas cuentas, sabemos que lo que ofrecemos funciona. Por eso escribimos este libro y animamos al lector a que lo haga propio. Porque creemos que reconectarse con esa fuerza interior a la que llamamos confianza total es posible y que sus resultados son extraordinarios. Cuando las personas toman el desafío de mejorar sus vidas con seriedad y consistencia, estos principios y herramientas siempre funcionan. Creemos en esto porque lo hemos experimentado en la realidad, con muchísimos casos concretos, reales. Este libro es mucho más que una teoría. Es el resultado de una larga trayectoria de trabajo y dedicación. Ahora te invitamos a ti a vivirlo también, mejorando tu propia vida. ¡Bienvenido!

Verónica de Andrés
Buenos Aires, marzo de 2010.

# 1

## LOS DOS PARADIGMAS QUE MUEVEN AL MUNDO

*Todos tenemos dos elecciones: estar llenos de miedo o llenos de amor.*
                               ALBERT EINSTEIN

«Estoy pasando por uno de los peores momentos de mi vida. Tengo una mezcla de ansiedad con una falta de motivación total. Hace tiempo que siento que no soy yo, nada me entusiasma... Ante el miedo, huyo o me paralizo. No sé lo que significa tener confianza, hace años que dejé de creer en mí... Quiero salir de todo esto, pero se me hace muy difícil... Creo que el haber huido de mí misma fue lo que desencadenó mi estado actual.»

Ésas fueron las primeras palabras que me dijo Nuria en privado, en la pausa del primer día de nuestro curso «Confianza Total para vivir mejor». No era una participante más. Desde el instante en que entré en contacto con ese grupo humano, reparé en ella. Su mirada perdida, su cabeza gacha y su negación a hablar frente a otros hicieron que se destacara entre toda la audiencia. Su ser emanaba dolor. Un dolor que nos llevó a mí y a Florencia a preguntarnos: ¿Podremos realmente contribuir a que Nuria gane confianza y viva mejor?

La respuesta llegaría casi al final del curso. Seis semanas después de que Nuria se presentara como una mujer atrapada en el paradigma del miedo, desmotivada, incapaz de establecer vínculos con los demás, con una autoestima dañada… algo increíble sucedió.

En una de las actividades finales, ofrecí a los participantes que quien quisiera pasara al escenario a mostrar un objeto que representara un «momento de logro» en su vida. Yo no había siquiera terminado de enunciar la invitación cuando vi que una mano se agitaba con fuerza desde el fondo del auditorio. Era Nuria. Se puso de pie de inmediato y a paso firme y decidido llegó hasta el escenario.

Cautivando la atención de toda la audiencia apoyó su objeto y lentamente le quitó el papel protector para revelar una obra de arte de una belleza impactante: era una pintura de una flor silvestre. Ese día nos enteramos de que Nuria era pintora, y probablemente por primera vez ella misma advirtió la belleza de su obra, ya que comentó en público: «Esto representa un gran logro para mí, es un cuadro que me animé a pintar estas últimas semanas. Soy artista, pero hace años que no me atrevía a tocar mis pinceles, pensé que nunca más…» Y no pudo terminar de hablar pues la audiencia empezó a aplaudir con tanta fuerza que la sala se llenó de sonidos de celebración. Nuria se quedó de pie mirando a todos, como queriendo guardar ese momento para siempre, y con lágrimas de emoción y una enorme sonrisa declaró: «Acabo de descubrir quién soy».

Nuria logró transformar sus miedos a través del poder del amor, y así recuperar una confianza que creía perdida para siempre. Esta transformación no fue inmediata, sino que fue sucediendo de a poco, a medida que fueron transcurriendo los encuentros del curso. Al principio no interactuaba con nadie, y las pocas veces que hablaba su voz era temblorosa y casi inaudible… Lentamente fue haciendo contacto con los demás participantes, y empezó a abrirse suavemente, como una flor silvestre, aún temerosa de su entorno.

Al descubrir que hay dos fuerzas poderosas que mueven al mundo, el miedo y el amor, y que todos podemos elegir cuál queremos que rija nuestra vida; al aprender que todos tenemos una mente poderosa y que el secreto de usarla correctamente está en la observación de nuestros pensamientos y en la capacidad de elegir aquellos que abren posibilidades; al entender que podemos adueñarnos de nuestras emociones en lugar de que ellas se adueñen de nosotros y que fomentar emociones positivas mejora nuestra salud; al descubrir que el optimismo y la alegría pueden desarrollarse; al comprender que la felicidad no es una meta, sino el corolario de vivir de una cierta manera, Nuria cambió: dejó de ser espectadora y pasó a ser protagonista. Salió detrás del telón de su timidez, corrió las cortinas de par en par y, frente a todos, se animó a dar el paso hacia adelante con la firme convicción de quien sabe que puede hacerlo pues se siente segura de que el momento de actuar ha llegado.

Nuestra hora ha llegado también. Hora de cambiar de paradigma, de movernos del miedo al amor y de descubrir los caminos hacia la confianza total para vivir mejor.

> *Mil miedos ancestrales obstruyen el camino hacia la felicidad y la libertad. Pero el amor puede conquistar el miedo.*
> BERTRAND RUSSELL

La confianza es lo que tenemos —o nos falta— cuando las cosas salen mal, cuando el plan falla, cuando nuestra barca se sacude en la tempestad. La confianza, ese tesoro con el que todos queremos contar para alcanzar nuestros sueños, se construye desde el paradigma del amor y se destruye desde el paradigma del miedo.

Los dos paradigmas que exploraremos en este capítulo son como los cristales a través de los cuales miramos la vida. Cristales que tiñen nuestra percepción y nuestra experiencia, pues realmente, tal como expresó Albert Einstein, «todos tenemos dos elecciones: estar llenos de miedo o llenos de amor».

## El amor y el miedo: una elección vital

Cuando hablamos del amor, nos referimos a esa energía vital con la que todos nacemos, a esa fuerza potente que nos conecta con la vida y con los demás, que nos da energía para cumplir nuestras metas. Esa fuerza de expansión y creación que nos impulsa hacia adelante incluso cuando las cosas salen mal.

Cuando hablamos del amor, nos referimos a cosas muy concretas: hablamos de elegir lo que pensamos, lo que decimos y lo que hacemos; de vivir una vida proactiva; de poner los ojos en la meta y no en los obstáculos. Hablamos de perseverar. Hablamos de poner amor en nuestras acciones, en nuestras intenciones, en nuestro trabajo, en nuestros vínculos. Cuando hablamos del amor, hablamos de salud y de vida.

El doctor Gerald Jampolsky, médico de la Universidad de Stanford y ganador del premio a la excelencia médica otorgado por la Asociación Médica Americana, afirma que «después de décadas de experiencia en la medicina, ahora sabemos que el amor expresado es la fuerza curativa más poderosa del mundo». Por su parte, el doctor Jorge Carvajal, médico cirujano de la Universidad de Antioquia, explica que un 70% de las enfermedades del ser humano vienen del campo de la conciencia emocional y asegura que el amor es lo que realmente necesitamos para vivir: «El amor, tan traído y tan llevado, y tan calumniado, es una fuerza renovadora. El amor es magnífico porque crea cohesión. En el amor todo está vivo, como un río que se renueva a sí mismo. En el amor siempre uno puede renovarse, porque todo lo ordena. En el amor no hay usurpación, no hay desplazamiento, no hay miedo, no hay resentimiento, porque cuando tú te ordenas porque vives el amor, cada cosa ocupa su lugar, y entonces se restaura la armonía. Ahora, desde la perspectiva humana, lo asimilamos con la debilidad, pero el amor no es débil».

*El miedo está siempre dispuesto a ver las cosas peores de lo que son.*
Tito Livio

Aunque en general se piensa lo contrario, el miedo no siempre es negativo. Un héroe, por ejemplo, suele ser alguien que ha sentido el dolor y el miedo, los ha trascendido y ha sido transformado. Pero el miedo también puede limitarnos y convertirse en un obstáculo, en una fuerza destructora que nos ate, nos limite, nos desmotive y hasta nos paralice. Además, como explica el doctor Carvajal, «el temor, que es la ausencia del amor, es la gran enfermedad. Cuando el temor se queda congelado, afecta al riñón, a las glándulas suprarrenales, a los huesos y a la energía vital».

Cuanto más tiempo pasamos en el paradigma del amor, más nos acercamos a la felicidad. Cuanto más tiempo pasamos en el paradigma del miedo, más nos alejamos de la felicidad. ¿Cómo saber entonces en qué paradigma solemos pasar la mayor parte de nuestro tiempo? Observando los resultados que estamos obteniendo en nuestra vida y, por sobre todas las cosas, ¡eligiendo! El mensaje de este libro es que todos los días podemos decidir en qué paradigma queremos vivir.

## LOS FRUTOS DE CADA PARADIGMA

| AMOR | MIEDO |
|---:|:---|
| FLEXIBILIDAD | RIGIDEZ |
| MOTIVACIÓN | DESMOTIVACIÓN |
| OPTIMISMO | PESIMISMO |
| EXCELENCIA | PERFECCIONISMO |
| ESFUERZO | SACRIFICIO |
| PERDÓN | RESENTIMIENTO |
| PAZ INTERIOR | VIOLENCIA |
| ↘ | ↙ |
| CONFIANZA | FALTA DE CONFIANZA |

### Flexibilidad vs. rigidez

¿De qué sirve ser flexible? En una fuerte tormenta, lo primero en caer son los árboles más rígidos. En cambio, hay plantas que se doblan acompasando los vientos fuertes y sobreviven por ser más flexibles. La flexibilidad nos da la posibilidad de adaptarnos mejor a los desafíos que nos presenta la vida. Al ser flexibles nos podemos sobreponer mejor y más rápido a los contratiempos. La flexibilidad es la base de la resiliencia, que es la capacidad que posee una persona para salir fortalecida de las adversidades.

La flexibilidad también nos permite apreciar diferentes puntos de vista y nos libra de querer tener la razón en todo. Posibilita que prioricemos las relaciones, al recordar que no hay una sola verdad, sino diferentes miradas y desde allí hallar un punto de encuentro. Entre tu mirada y la mía hay un punto intermedio, donde nos encontraremos. En cambio, la rigidez nos hace juzgar con dureza excesiva a los demás y a nosotros mismos, nos obstruye la comprensión, nos hace ver la vida desde una dimensión pequeña, donde la única verdad que existe es la nuestra. Nos convierte en dogmáticos pregonando verdades absolutas, nos acerca a la arrogancia y nos aleja de los demás. La rigidez es una expresión de falta de amor.

Un cuerpo flexible es sinónimo de juventud, un cuerpo rígido es indicación de envejecimiento. Lo mismo sucede con nuestra mente. La rigidez mental nos convence de que ya sabemos todo lo que necesitábamos aprender, en especial a medida que vamos avanzando en edad y en experiencia de vida. La flexibilidad mental, en cambio, suele estar ligada a la apertura hacia nuevos aprendizajes. Según recientes hallazgos de las neurociencias, esto tiene un altísimo impacto en nuestro cerebro.

El doctor Goldberg, neurólogo de la Universidad de New York, director del Instituto de Neuropsicología y Funcionamiento Cognitivo, afirma que, contrariamente a lo pensado, el cerebro puede mejorar con la edad. Durante muchos años se consideró que, a partir de cierta edad, las neuronas ya no se renovaban. Sin embargo, las últimas investigaciones científicas demuestran que el cerebro puede regenerarse a través de la realización de nuevos aprendizajes que impliquen esfuerzo mental. Esta capacidad recibe el nombre de «neuroplasticidad», que consiste en modelar el cerebro a través del aprendizaje de nuevas actividades —y no sólo tareas ya aprendidas y consolidadas—. La ciencia afirma ahora que los seres humanos podemos crear nuevas neuronas a lo largo de toda la vida, y prevenir el deterioro del cerebro a medida que avanza nuestra edad, al tener una vida mental intensa, es decir, realizando nuevos aprendizajes que impliquen esfuerzos mentales durante toda la vida.

El doctor Richard Davidson, doctorado en Investigación (Ph.D) en la Universidad de Harvard, director del Laboratory for Affective Neuroscience de la Universidad de Wisconsin-Madison, es uno de los mayores expertos en el tema de la neuroplasticidad, que es considerado uno de los mayores descubrimientos del siglo XX. Sus investigaciones en las que utiliza escaneos cerebrales han demostrado que las emociones como el amor, la compasión y la felicidad son habilidades que pueden ser aprendidas. Davidson fue la primera persona en recibir el premio Mani Bhaumik por su conocimiento profundo sobre la neuroplasticidad del cerebro.

### Motivación vs. desmotivación

¿Quién no se ha sentido desmotivado alguna vez? ¿Quién no ha tenido esa sensación de desaliento y falta de entusiasmo? La desmotivación es un área bien compleja con muchas variables pero, indudablemente, nos trae esa falta de energía que disminuye nuestra capacidad para tomar riesgos o de enfrentar desafíos. El doctor Martin Seligman, creador de la corriente más innovadora de la psicología actual llamada psicología positiva, asegura que el nivel de motivación está directamente relacionado con el nivel de expectativas que una persona tiene. Si las expectativas son altas, el nivel de motivación es alto. A expectativas bajas, motivación baja.

La palabra motivación proviene del latín *motivus* (movimiento) y el sufijo *ción* (acción). Lo que muchas veces provoca que una persona no se ponga en movimiento o en acción para encontrar un nuevo trabajo, una nueva pareja, un nuevo grupo de amigos es el miedo. Miedo a dejar de lado lo conocido, miedo a la incertidumbre, miedo a no encontrar aquello que se busca, miedo a perder la identidad, miedo a iniciar algo nuevo y fracasar. Entonces la persona elige permanecer en el mismo lugar o situación donde ya no es feliz, pero está cómodo.

Según Daniel Goleman, autor del best seller *Inteligencia emocional*, lo que más motiva a una persona es encontrar una actividad en la que sus talentos y habilidades estén plenamente involucrados, una tarea que mueva a la persona más allá de su zona de confort, para que la desafíe y la haga fluir.

Según explica Mihaly Csikzentmihalyi, creador del concepto de «fluir» y autor del libro *Fluir: una psicología de la felicidad,* el motivador más potente que existe es la sensación de fluir. Él describe el «fluir» como ese estado en el cual desarrollamos alguna tarea o actividad y quedamos tan involucrados, tan absortos en la tarea, que pareciera que lo hiciéramos casi sin esfuerzo, y hace que incluso perdamos la noción del tiempo. Encontrar algo que nos permita «fluir» no tiene directamente que ver con la tarea en sí misma, sino con el estado mental y emocional al que esa tarea nos lleva. Por eso cada persona «fluye» con actividades muy diferentes. A un cirujano cardiovascular lo puede hacer fluir su actividad cuando lo atrapa el desafío de la operación hasta hacerle perder la noción del tiempo. Aunque haya operado muchas veces, cada intervención es un desafío diferente que involucra sus talentos y lo hace fluir. A un escalador lo atrapa el desafío de llegar a la cima, y en su escalada pondrá todos sus talentos al servicio de sus metas, probablemente pierda la noción del tiempo y pueda sentir que fluye. El fluir, asegura el autor, genera «eustrés», haciendo que el cerebro libere sustancias que ayudan a la concentración, a hacer foco y a generar fascinación.

Para encontrar una fuente de motivación verdadera y duradera, es necesario buscarla en nuestro interior. Estamos más acostumbrados a buscar la motivación externa que la interna, pues desde niños nos han enseñado con sistemas de premio y castigo. Esto que puede funcionar para algunas situaciones, puede convertirse en un problema cuando toda nuestra motivación empieza a depender de factores externos: de que alguien nos premie, de que alguien nos reconozca, de que nos aumenten el sueldo… En cambio, la motivación interna no depende de nadie más que de uno mismo.

La motivación extrínseca —las metas, los objetivos, los premios y castigos— muchas veces nos hace pensar en términos de obligación, de «deber». Y así empezamos a escuchar una voz interior que dice «tengo que», «debo», «debería». Al descubrir en nuestro interior la motivación intrínseca —encontrar la manera de permanecer la mayor cantidad de tiempo en estado de libre «fluir»— operamos desde la elección, desde el deseo. Y empezamos a pensar: «quiero», «puedo», «me gustaría».

Es interesante ver que nosotros podemos motivarnos o desmotivarnos con nuestra conversación interna. Las palabras tienen poder, sobre todo las que nos decimos a nosotros mismos. Por eso, para recuperar la motivación es muy importante animarse a soltar lo conocido, encontrar algo que nos apasione y prestar atención a nuestro diálogo interno: usar palabras que nos animen.

*En lo más profundo del invierno, al fin aprendí que dentro de mí hay un verano invencible.*

ALBERT CAMUS

## Optimismo vs. pesimismo

Como dice Winston Churchill, el pesimista ve la dificultad en cada oportunidad y el optimista ve la oportunidad en cada dificultad. Uno de los mayores frenos para el crecimiento es el pesimismo, pues es una anticipación negativa del futuro. Es la sensación de que nada va a ir bien, de que no tendremos éxito y de que, si lo tuviéramos, sería sólo por casualidad. El pesimismo puede surgir por miedo a la desilusión y puede ser una expresión de falta de confianza en uno mismo y en los demás.

El pesimismo es mucho más que una actitud negativa: nos lleva a nutrir nuestra mente con imágenes negativas y hace que estemos más propensos a que eso que tememos suceda. ¿Por qué? La explicación viene de la mano de la neurología. Nuestro cerebro tiene un mecanismo interno mediante el cual filtra todos los estímulos externos que recibe, permitiendo que algunos pasen y otros no. Por eso nuestra percepción es selectiva. Este mecanismo nos permite percibir, con mucha facilidad, todo aquello que está previamente cargado en el cerebro. Nuestro cerebro hará todo lo posible por encontrar aquello que previamente habíamos imaginado. Por eso el pesimismo es como un imán que atrae todo lo necesario para que nuestros miedos y fantasmas se confirmen, a la vez que rechaza otras posibilidades que existen pero que no podemos ver. En síntesis, atraemos aquello que imaginamos.

El optimismo, en cambio, es la tendencia a esperar que el futuro traiga buenos resultados. El optimista no es un tonto o un ingenuo que no ve las dificultades, sino es aquel que, viendo las dificultades, imagina la solución. Y esto es lo que le permite perseverar.

¿Puedo acaso aprender a ser optimista? Martín Seligman, que se confiesa «pesimista de nacimiento», descubrió a través del estudio de las actitudes de las personas optimistas que el pesimismo puede revertirse, y que podemos aprender a desarrollar el optimismo. Si quien se declara como un «pesimista nato» es hoy el referente mundial más importante sobre el optimismo, podemos decir que estos rasgos o tendencias negativos que tenemos pueden modificarse. El optimismo es una actitud que puede desarrollarse y que nos permite disfrutar de los desafíos que nos plantea la vida.

> *Estando siempre dispuestos a ser felices*
> *es inevitable no serlo alguna vez.*
> BLAISE PASCAL

### Excelencia vs. perfeccionismo

¿Qué tiene de malo ser perfeccionista? Cada vez que apuntamos a la perfección nos ponemos a nosotros mismos y a los demás en un estado de «infelicidad garantizada», porque sólo Dios es perfecto. La respuesta del amor no apunta a la perfección, sino a la excelencia.

La principal diferencia entre un perfeccionista y quien busca la excelencia es su actitud frente al error. El perfeccionista sufre cada vez que comete un error, se siente mal consigo mismo, porque toma el error como una señal de fracaso. Entonces sufre. Y lo mismo pasa cuando alguien de su entorno se equivoca: lo hace sentir mal.

En cambio, quien apunta a la excelencia se esfuerza por dar lo mejor de sí, pero tiene una actitud completamente diferente frente al error, ya que lo ve como un paso necesario para conseguir lo que quiere alcanzar. Cada vez que se equivoca o alguien de su entorno comete un error, en lugar de pensar cómo puede ser que haya pasado eso, se pregunta qué puede aprender.

### Esfuerzo vs. sacrificio

¿Hay que sacrificarse para lograr cosas en la vida? Una persona empieza a sacrificarse cuando quiere dar lo mejor de sí en pos de algo —trabajo, familia— y en ese camino de dar, se olvida de sí mismo. Se acuerda de todos los objetivos de trabajo que tiene que cumplir, se acuerda de sus clientes, de sus pacientes, de sus alumnos, de sus hijos, de sus padres, de su mujer... de todo, pero empieza a olvidarse de sí mismo. Se esfuerza sin límites, perdiendo el equilibrio de su vida. Y cuando se pierde el equilibrio, alguien suele pagar el precio: la persona que se sacrifica —pagando con su salud o su estado de ánimo— y/o quienes lo rodean.

Las personas más proclives a caer en el síndrome del sacrificio son paradójicamente las personas más responsables. Esta tendencia suele surgir de la creencia de que sólo a través del sacrificio se pueden obtener los resultados deseados. Y esto genera lo que en la empresas hoy llaman «burnout laboral», que es el estado de agotamiento o fatiga que atraviesan generalmente las personas más comprometidas con el trabajo, como consecuencia de un exceso de responsabilidades laborales y falta de equilibrio con otras áreas de la vida.

¿Y cuál es la alternativa frente a la filosofía del sacrificio? El esfuerzo, combinado con etapas de renovación, como explica la reconocida consultora empresarial Annie McKee. Quien se esfuerza tiene metas que alcanzar, pero lo hace con equilibrio, sin olvidarse de sí mismo, recordando que tiene muchas áreas de la vida y que todas son importantes. Quien se sacrifica, pierde el equilibrio y deja de tener tiempo y energía para ciertas áreas importantes de la vida.

## Perdón vs. resentimiento

La doctora en psicología Diane Cirincione sostiene que el perdón es la llave de la felicidad, el vehículo para cambiar nuestras percepciones y dejar ir nuestros miedos, juicios y ofensas. En un artículo publicado en conjunto con el doctor Jampolsky explica que hoy existe suficiente evidencia científica que prueba que cuando no perdonamos y permanecemos enojados, podemos afectar nuestra salud, nuestro sistema inmune y hasta cada órgano de nuestro cuerpo. Algunos de los síntomas físicos que pueden estar asociados con la falta de perdón son: dolores de cabeza, dolores de espalda, úlceras, depresión, cansancio crónico, irritabilidad, insomnio y un estado permanente de infelicidad.

«Hay cosas que no puedo perdonar» es una frase que escuchamos muy a menudo… La persona que no perdona se resiente, condena a otros y vive los desafíos de la vida como una amenaza en potencia. El resentimiento es, entre otras cosas, dolor emocional no resuelto que nos impide limpiar la herida que tenemos. El corazón que perdona no contamina el presente con experiencias dolorosas no sanadas. Perdonar significa dejar de desear que el pasado sea diferente. Perdonar y perdonarnos abre las fronteras de nuestro corazón, nos humaniza, nos hace reconocer que no somos perfectos, que nos equivocamos, que todos necesitamos del perdón.

Perdonar no significa validar ni estar de acuerdo con el comportamiento de la otra persona, sino dejar ir el enojo. A su vez, el perdón no significa permitir el abuso. Abrir una puerta a la reconciliación, de ningún modo significa agachar la cabeza y permitir el maltrato. Saber poner límites con amor es prueba de una personalidad sana.

*El amor lo conquista todo.*
Virgilio

## Paz interior vs. violencia

Se dice que la violencia es la expresión de necesidades insatisfechas. La violencia puede ser física, verbal, actitudinal: la indiferencia y hasta un silencio prolongado pueden ser tan violentos como un grito. Cuando estamos con miedo nos resulta difícil expresar nuestras necesidades. Esto genera una violencia que puede ser dirigida hacia uno mismo —implotamos y podemos enfermarnos— o hacia otros —explotamos y resentimos nuestros vínculos.

¿Cómo hacer para tener paz interior en un mundo violento? Una de las maneras de tener paz interior es aprender a expresar nuestras necesidades y nuestras emociones de forma no violenta. Tendemos a juzgar muy rápidamente a los demás y solemos equivocarnos. Para tener paz interior, es necesario estar atentos a nuestros juicios, que suelen estar cargados de negatividad. Para tener paz interior es importante confiar y soltar la necesidad de querer controlar a los demás y a todo lo que me sucede. La paz interior surge del amor y nos permite fluir en cada momento, estar presentes, vivos y conectados con el ahora.

Para generar paz en los entornos de violencia en los que a veces nos toca vivir, recordemos que la paz empieza por uno mismo. Sólo cuando nosotros hayamos alcanzado paz interior podremos producir armonía a nuestro alrededor.

> *Tu tarea no es buscar el amor, sino buscar y encontrar dentro de ti todas las barreras que has construido contra él.*
> Rumi

Una antigua leyenda cherokee cuenta que una noche, un anciano y su nieto se sentaron a conversar sobre la vida. El abuelo le explicó a su nieto que en nuestro interior conviven dos fuerzas, que están en una puja constante. Para que su nieto pudiera comprender esto, le dijo: «Todos nacemos con dos lobos adentro. Uno de los lobos tiene mucho amor, es agradecido, alegre, compañero, confiado y tranquilo. El otro lobo tiene miedo, es violento, es competitivo, desconfiado y resentido». «¿Y cuál de los dos lobos gana?», preguntó el niño. «Aquel que tú alimentes», contestó el abuelo.

## Del paradigma del miedo al paradigma del amor

¿Cómo quieres que sea tu vida? ¿Cuántas veces habremos pensado, como dice un tango, «Si soy así, qué voy a hacer»? ¡No! Aunque resulte difícil creerlo, nosotros no somos de una determinada manera, sino que podemos cambiar, desaprender lo que nos bloquea y aprender lo que necesitamos para vivir mejor.

Los frutos del miedo provienen de fuentes múltiples y variadas: nuestra historia, nuestra cultura, nuestra biología y la manera de narrar nuestra vida… Más allá del origen, es importante saber que estos frutos no son inmutables. La idea es observar nuestras tendencias, saber que podemos descartar lo que ya no nos sirve y reemplazarlo por algo nuevo y bueno para nuestra vida. A mayor nivel de conciencia, mayor capacidad de elección.

Entonces, ¿en qué paradigma quieres pasar la mayor parte de tu vida?

# PRÁCTICAS

## I. Los beneficios del perdón

Cuentan que un alumno fue a ver a su maestro en busca de explicaciones concretas con respecto a la idea del perdón y del resentimiento.

—Maestro, no entiendo esos conceptos.

Entonces el maestro le dijo:

—Quiero que a partir de hoy cargues en tus hombros un saco de patatas.

—¿Patatas? —preguntó asombrado el alumno.

—Sí, tantas patatas como temas que no hayas perdonado tengas en tu corazón. Por cada tema o persona que sientas resentimiento, pon una patata, envuélvela en un plástico, colócale una etiqueta con fecha y nombre.

El maestro le dijo que fuera con ese saco a todas partes durante una semana, que de noche lo pusiera adentro de su cama, y que al levantarse lo cargara en sus hombros, como una mochila. A medida que fue transcurriendo la semana, las patatas naturalmente se fueron deteriorando, el hedor terminó siendo insoportable y el peso también. Incapaz de resistir más, el joven fue a ver nuevamente a su maestro y le dijo:

—No puedo más cargar con este peso. Es insoportable.

Entonces el maestro le respondió:

—Eso mismo sucede cuando no perdonas.

Ahora observa tu interior, analiza tu vida y tus actitudes y responde estas preguntas:

- ¿Qué te dice a ti la historia que acabas de leer?

- Piensa en las personas a quienes tengas algo que perdonar. Imagínate que por cada una de ellas tienes una piedra, y que ese peso va contigo a todas partes… ¿Quiénes son? ¿Cuántas son? Si tienes asuntos pendientes contigo mismo, recuerda incluirte en la lista.

- ¿Cuántas piedras quieres seguir cargando en tu mente y en tu corazón?

- ¿Hay alguien a quien quisieras pedirle perdón?

- ¿Qué te gustaría hacer a partir de esta toma de conciencia? Aquí siguen tres preguntas poderosas:
    - ¿Estás dispuesto a perdonar a alguien?
    - ¿Quieres hacerlo?
    - ¿Cuándo lo harás?

# 2

# VIVIR SIN MIEDO

> *El amor ahuyenta al miedo y, recíprocamente, el miedo ahuyenta al amor. Y no sólo al amor el miedo expulsa; también a la inteligencia, la bondad, todo pensamiento de belleza y verdad, y sólo queda la desesperación muda; y al final, el miedo llega a expulsar del hombre la humanidad misma.*
>
> ALDOUS HUXLEY

Las crisis existieron desde el inicio de los tiempos y, al día de hoy, siguen surgiendo en todos los contextos. Hay crisis económicas, políticas, sociales, familiares, laborales, profesionales, personales, mundiales... Con sus posibles diferencias, las crisis tienen en común que todas implican un cambio. Esa doble vertiente de la que hablamos está presente en lo que la palabra *crisis* significa en el idioma chino: formada por dos caracteres de igual importancia, uno significa peligro; el otro, oportunidad.

Muchas veces las crisis implican cambios que no buscamos voluntariamente, que no elegiríamos si pudiéramos y que pueden asustarnos o enojarnos. Las crisis son los momentos donde se desatan todos los miedos. Momentos de incertidumbre y fragilidad en los que nuestra mente suele tendernos las peores trampas y nuestras emociones pueden adueñarse de nosotros.

¿Cómo vivir sin miedo en medio de una debacle económica, un divorcio, un despido, una frustración profesional, un problema familiar o una enfermedad? Tal vez la respuesta venga de la mano de

Arnold Toynbee, quien acuñó la Teoría del cambio y del desafío, en la cual sostiene que un medio inestable presentará retos que pueden hacer surgir fuentes de creatividad previamente inutilizadas...

¿De qué depende, entonces, que una crisis sea un peligro o una oportunidad de crecimiento? De nuestra interpretación de la situación y del nivel de confianza con el que enfrentemos la crisis. Confianza: eso es lo que necesitamos, justamente, cuando los vientos hacen tambalear nuestras estructuras.

## Tiempos de crisis

Como ciudadana argentina me ha tocado atravesar muchos conflictos nacionales. El más reciente fue, quizás, uno de los más graves que recuerdo. El derrumbe económico, la democracia herida y la gente golpeando sus cacerolas con furia son algunas de las imágenes que me vienen a la mente cada vez que alguien me pregunta cómo se vivió la última gran crisis en mi país.

Sin embargo, también recuerdo que en medio de esas tinieblas, cuando la gente perdía los ahorros de toda una vida sin previo aviso y el miedo se esparcía en la sociedad cual virus, comenzaron a encenderse algunas luces. Y se dice que cuanto más densa es la oscuridad, más fuerte es el impacto de una pequeña luz. Acuerdo con Toynbee en que las crisis pueden despertar talentos que yacían dormidos... Pues eso fue lo que pasó en la Argentina.

Hubo quienes transformaron la crisis en una oportunidad para cambiar y mejorar. Se juntaron y de cara a las necesidades eligieron responder con sensibilidad y compromiso. Rápidamente se pusieron en acción para asistir no sólo a la gente que había perdido su trabajo, sino también su fe.

> *No me dan miedo las tormentas pues estoy aprendiendo a navegar.*
> LOUISA MAY ALCOTT

Tuvimos el honor de ser parte del proyecto Pescar, que surgió como una de las respuestas creativas de ese momento. Pescar comenzó en el mundo de la empresa con el objetivo de dar un año más de educación a jóvenes de medios económicos muy limitados, para ayudarlos a expandir sus posibilidades y así crear un sistema de inserción social más justo. Nuestra contribución consistió en brindar a los alumnos un curso intensivo de autoestima y recuperación de la confianza, para que volvieran a creer en sí mismos.

La confianza es un sentimiento y una actitud ante la vida, y también es una elección. Frente a la dificultad, siempre puedo elegir interpretar lo que sucede como un peligro o como un desafío. Puedo mirar lo que me sucede como una catástrofe y transformarme en víctima, o puedo elegir mirarlo como una oportunidad de crecer y convertirme en protagonista.

## Revertir la adversidad

Sabemos que hay momentos donde pareciera casi imposible tener sobre nuestras zozobras una interpretación positiva... Pero pensemos en casos extremos, en personas que han elegido dar una respuesta diferente en medio de los momentos de mayor oscuridad. Pensemos en alguien como Viktor Frankl, el médico psiquiatra que vivió la experiencia dura, extrema, de ser un prisionero más de los campos de concentración nazi y de perder a su familia sin poder hacer nada por salvarlos.

¿Cómo hizo este hombre, que fue despojado de todo lo que tenía, que fue humillado y castigado brutalmente, para emerger de esa crisis como el portavoz de un mensaje esperanzador, positivo, para el resto de la humanidad? Al leer su testimonio la respuesta resulta evidente: eligió ver esa situación límite como una oportunidad y no como una desgracia.

En su libro *El hombre en busca de sentido* Frankl cuenta que él observó cómo personas que estaban pasando por las peores circunstancias posibles, al borde de la inanición y de la pérdida de la dignidad, elegían compartir su último mendrugo de pan con otros. Esto es prueba evidente de que nos pueden despojar de todo, pero nunca nos quitarán la libertad de elegir nuestra interpretación frente a lo que nos sucede. Es un concepto que se repite a lo largo de toda la historia.

Epicteto, el renombrado filósofo greco-romano que vivió en el siglo I, dijo: «No podemos elegir nuestras circunstancias, pero siempre podemos elegir la forma en que respondemos ante ellas». Este principio le permitió a él mismo dejar de ser un esclavo para transformarse en el maestro del emperador romano Marco Aurelio.

Afirmamos, entonces, que la confianza se construye desde el interior, y que se refleja luego en nuestras acciones exteriores. Frente a todo lo que nos sucede, siempre podemos decidir cómo responder: las circunstancias no deberían determinarnos. Sin embargo, estamos habituados a creer que, cuando nos sucede algo negativo, es lógico y casi inevitable tener una reacción negativa. Por eso es muy común escuchar constantemente cierto tipo de expresiones: «Iba conduciendo mi coche y el de al lado me encerró, ¡estoy de pésimo humor!»; «Llueve y hoy tenía organizada una fiesta al aire libre, ¡estoy enojada!»; «Mi secretaria renunció sin previo aviso, ¡esto es indignante!»; «Mi hermano me mintió, ¿cómo no voy a sentirme traicionado?» Las creencias que hemos internalizado parecen habilitarnos para reaccionar de manera negativa ante situaciones adversas, como si se tratara de una simple fórmula matemática o física:

H (hecho) = R (reacción)

Éste es un modelo de estímulo-respuesta que no sirve para analizar el comportamiento humano, pues deja fuera de la ecuación el elemento más importante: la capacidad del hombre de elegir cómo responder, es decir, qué pensar y qué sentir frente a cada cosa que le sucede. ¿Qué tal, entonces, si reformulamos la ecuación anterior?

H (Hecho) + R *(respuesta/interpretación)* = R (resultado)

De aquí en más, frente a algún hecho o situación desafiante que estemos atravesando, preguntémonos qué respuesta/interpretación nos vendría mejor elegir, qué respuesta/interpretación puede acercarnos más a la felicidad. ¡Recordemos que la vida es un 10% lo que nos sucede y un 90% cómo respondemos frente a ello!

> *Uno puede elegir entre refugiarse en lo seguro o avanzar y crecer. El crecer debe ser elegido una y otra vez. El miedo debe ser superado una y otra vez.*
> ABRAHAM MASLOW

## ¿Qué nos pasa cuando tenemos miedo?

El miedo es una de las emociones básicas que desencadena un mecanismo de supervivencia para que podamos responder a situaciones adversas rápidamente. Cuando sentimos miedo, se producen cambios fisiológicos de inmediato. Se cierran todos los circuitos neuronales que no sean esenciales a la supervivencia, la parte pensante del cerebro reduce su actividad y comienzan a funcionar las respuestas autónomas que no dependen de nuestra voluntad: se dilatan nuestras pupilas para que podamos ver más; la sangre fluye con mucha rapidez hacia los músculos grandes para que podamos huir o luchar; el corazón se acelera y bombea sangre a toda velocidad para llevar las hormonas a las células, especialmente la adrenalina y la noradrenalina y cortisol, que son las llamadas hormonas del estrés.

Este mecanismo de supervivencia es importante ya que nos ayuda a responder si estamos frente a un peligro real. El problema es que muchas veces nuestros miedos son imaginarios, y están asociados a recuerdos emocionales traumáticos. Sin embargo, aunque sean ilusorios, igual se produce la descarga hormonal que, a la larga, puede dañar nuestra salud: por ejemplo, el exceso de cortisol en el sistema reduce nuestra inmunología y hasta puede afectar nuestra memoria; el exceso de adrenalina puede dejarnos toda una noche en vela, ya que las hormonas del estrés tardan horas en reabsorberse. Estas descargas pueden producirse simplemente por una preocupación relacionada con el futuro.

El doctor Robert Sapolsky, neurólogo de la Universidad de Stanford, experto en el tema del estrés, explica que a los seres humanos nos basta con imaginar que vamos a vivir una mala experiencia para realmente pasarla mal, pues la descarga de hormonas del estrés en el cuerpo es la misma, tanto si vemos un león real o si sólo lo imaginamos. Al ser entrevistado por Eduardo Punset, el destacado escritor y periodista científico, creador del programa Redes, Sapolsky expresó sobre este tema: «Para un mamífero cualquiera, el estrés significa que algo está muy centrado en devorarte en los siguientes dos minutos, o que uno está muy decidido a comerse a otro en los próximos dos minutos, y en este lapso el cuerpo hace exactamente lo que debe hacer: utilizar toda la energía almacenada para activar los músculos apropiados, aumentar la tensión arterial para que la energía fluya más de prisa, y desactivar todo tipo de proyectos a largo plazo. Si te persigue un león, escoges otro día para ovular, retrasas la pubertad, ni se te ocurre crecer, ya digerirás más tarde, pospones la fabricación de anticuerpos para la noche, si todavía estás vivo... Se trata de eliminar todo lo que no es esencial. Y, claro, el problema es que nosotros, como primates muy sofisticados que somos, podemos iniciar exactamente el mismo proceso de respuesta al estrés a raíz de un estado psicológico, de un recuerdo, una experiencia, una emoción, pensando en algo que puede ocurrir dentro de treinta años o que tal vez no ocurra nunca, pero iniciamos la misma respuesta al estrés. El meollo de la cuestión es que desencadenar este proceso durante tres minutos para salvar la vida es perfecto, pero si lo haces de forma sistemática, por razones psicológicas, aumenta las posibilidades de enfermar».

## Estrategias para superar el miedo

¿Cómo podemos acercarnos a lo que queremos en lugar de utilizar nuestro valioso tiempo en quedar capturados en aquello que tememos? Cuando a Miguel Ángel le preguntaban cómo hacía para esculpir sus obras de una manera tan magnífica, él decía que primero visualizaba en la roca la imagen de lo que quería lograr, y luego sacaba lo que sobraba.

Muchas veces el miedo aparece cuando tenemos que atravesar una crisis o se nos presenta un desafío. Sin ser conscientes de ello, nuestra mente comienza a proyectar las imágenes temidas en lugar de las deseadas. En ese instante se inicia un autoboicot involuntario, a nivel inconsciente, con proyecciones negativas que socavan nuestra confianza y hacen que la prueba a superar sea mucho más dura.

Es verdad que ante lo nuevo podemos asustarnos y volvernos temerosos, pero también es cierto que existen estrategias para hacerle frente a este tipo de emoción.

### 1. El poder de la visualización: imaginar lo que quieres en lugar de lo que temes

Para contrarrestar el miedo, podemos usar una estrategia poderosa, llamada visualización. ¿Qué es la visualización? Es una técnica que consiste en entrenar nuestra mente para ver en detalle imágenes con las escenas exactas de aquello que queremos lograr, practicando con la mente los pasos, los movimientos, las acciones necesarias para alcanzar un objetivo. Los atletas olímpicos fueron los primeros en utilizar esta técnica que, como tantos otros descubrimientos, sucedió por casualidad.

Jean Claude Killy, varias veces campeón olímpico, fue un esquiador muy famoso en la década del sesenta. En una oportunidad se lastimó una pierna justo antes de una carrera muy importante que le impidió practicar en la pista. Sin embargo, llegó el día de la carrera y, sin entrenamiento físico previo, Killy ganó. Cuando le preguntaron cómo lo había logrado, él respondió que, como no le quedaba otra opción, lo único que hizo fue visualizar con detalle cada centímetro de la bajada. De esa manera ensayó cada uno de movimientos en su mente, una y otra vez... ¡Y ganó la competencia!

Si bien la visualización suele asociarse al deporte, en realidad se usa en todos los ámbitos y puede traer resultados extraordinarios no sólo para deportistas, artistas o inventores. Visualizar la situación deseada en lugar de la temida es un excelente ejercicio para hacer antes de tener una conversación difícil con alguien; previo a una negociación; antes de una reunión, de un examen, de una competencia... Antes de cualquier situación que plantee algún tipo de desafío.

En una oportunidad fui convocada por una empresa multinacional para brindar asesoría. Jorge, el director comercial, me recibió en su despacho con cara de preocupación. Después de hablar sobre varios temas que lo angustiaban, llegamos a lo que se había convertido en su mayor desafío: la relación con el director regional. «Es insufrible, cada vez que llega el momento de tener la reunión mensual con él, me dan dolores de cabeza. Dos días antes de nuestra conversación ya empiezo a ponerme nervioso, es la persona más negativa y agresiva que conozco... Y ya he intentado todo, pero siempre es lo mismo.»

Le pedí a Jorge que me contara cómo imaginaba que sería el próximo encuentro. La escena que describió era coherente con su descripción del director regional. Entonces le propuse trabajar con algunas herramientas, entre ellas, la visualización, para cargar en la mente las imágenes de la situación deseada en lugar de la temida. Al principio le resultó difícil, puesto que sólo le aparecían las imágenes de lo que no quería que sucediera. Finalmente empezó a ver en su mente una «película» de cómo sería el encuentro ideal. Se imaginó entrando en la sala de directorio sonriente; proyectó una conversación con caras distendidas, en un tono de voz cordial. Empezó a «ver» que lograba sentirse bien en presencia del director regional y que él también disfrutaba de su compañía... Y practicó esta visualización todos los días, hasta la noche anterior a la siguiente reunión. Cuando me llamó para contarme cómo le había ido, me dijo: «Verónica, ¡voy a enseñar lo de la visualización a todo mi equipo! ¡Fue impresionante, hasta nos reímos juntos! ¡Todo cambió!»

Marylin King, otra atleta olímpica a quien conocí personalmente en Finlandia, cuenta la historia de Liu Chi Kung, un famoso pianista que pasó siete años en la cárcel durante la revolución cultural china, sin posibilidad alguna de tocar el piano. Al ser liberado, se presentó a la competencia Tchaikovsky y, para sorpresa de todos, fue uno de los ganadores. Cuando le preguntaron cómo había logrado ganar si no había tocado el piano en los últimos siete años, Liu respondió que durante todo el tiempo que estuvo, cada uno de los días, practicó en su mente todos los temas que alguna vez había tocado en su piano.

La energía de la imaginación

Para nuestra mente no existen diferencias sustanciales entre algo real y algo imaginado vívidamente, por eso la visualización correctamente realizada —con detalles, incluyendo emociones— es tan efectiva. Hoy sabemos que la visualización tiene además su fundamentación neurológica, en el llamado SARA (Sistema Activador Reticular Ascendente).

¿Qué es el SARA? En la base de nuestro cerebro, específicamente en el tronco cerebral, existe una formación neuronal de fibras que asciende hasta las capas superiores del cerebro llamada «sistema activador reticular ascendente». El SARA tiene múltiples funciones; entre ellas, controla nuestra habilidad de permanecer despiertos o dormir, y la habilidad de prestar atención. Como no podemos prestar atención a todo lo que nos rodea, pues la multiplicidad de estímulos sería excesiva, el SARA actúa como un filtro que sólo permite que ingresen aquellos estímulos que, de alguna manera, nos resultan pertinentes. Por ejemplo, si estamos en una estación de tren donde hay millones de sonidos, no vamos a percibirlos todos, no escucharemos las miles de conversaciones a nuestro alrededor; pero si de pronto nombran la salida del tren que va a nuestro destino, en ese momento sí escucharemos esa señal con atención.

Esto permite entender que lo que estamos buscando, anticipando o imaginando es lo que el SARA permite que llegue a nuestra percepción a través de nuestros sentidos. Si mi mente está centrada en comprar un coche nuevo, es muy posible que, cuando salga a la calle, de pronto aparezcan en mi campo visual muchos coches de la marca que estoy buscando. Si nuestra mente está cargada de las imágenes del resultado deseado, es muy posible que lo alcancemos, pues aparecerán a nuestro alrededor muchas posibilidades que no serían percibidas de otra forma. Es que todo lo que uno ha estado fantaseando se vuelve más fácil de ser realizado.

Visualiza tu éxito

Una vez vino a verme un joven médico: tenía un desafío grande por delante y quería unas sesiones de *coaching* que lo prepararan de la mejor manera posible. En tan sólo una semana debía rendir un difícil examen de ingreso a un hospital muy selectivo.

—¿Cuál es tu mayor miedo? —fue mi primera pregunta.

—Siempre fui un buen alumno —confesó—, pero para ser admitido en este hospital necesito ser sobresaliente, y nunca fui sobresaliente. Se presentarán cientos de candidatos y, para calificar, esta vez tengo que estar entre los diez mejores. Yo nunca pertenecí a esa categoría…

—¿Piensas que te lo mereces? —le dije—. Ésta es la primera pregunta en la que necesitas concentrarte.

Después de pensar unos instantes respondió:

—Sí, creo que me lo merezco. He puesto mucho empeño en mi preparación para este examen.

—¿Realmente quieres esto para ti?

—Sí —afirmó el joven médico.

Entonces le propuse trabajar con la visualización, para superar su miedo a no poder estar entre los diez mejores candidatos. Le sugerí que se visualizara a sí mismo logrando lo que él quería, que visualizara el examen tal como él merecía que fuera. En síntesis, que pudiera ver en su mente un anticipo de lo que él quería que sucediera. Hablamos también del poder de las palabras y de los pensamientos y de cómo se convierten en realidades.

Le pregunté qué clase de palabras se estaba diciendo a sí mismo, si usaba palabras que abrían su corazón y su mente o palabras que los cerraban. Las palabras tienen poder. Le expliqué que cada vez que te dices «yo debo», «yo debería», «yo tengo que», te impones a ti mismo una obligación, y así tu nivel de motivación baja. En cambio, si te dices «yo quiero», «yo puedo», «yo me lo merezco», te conectas con el deseo, con las posibilidades, con las ganas.

Faltaba apenas una semana para el examen y éste fue uno de los ejercicios de visualización con los que trabajamos:

Técnica de visualización

Conéctate con tu éxito. Visualízalo. Ahora cierra los ojos y comienza a centrarte en tu respiración, en el aire que entra y en el aire que sale... Observa cómo al inhalar llevas oxígeno a cada célula de tu cuerpo, y al exhalar liberas las tensiones... Inhalas paz o lo que tú necesites... Exhalas ansiedad, preocupación, lo que tú no necesites...

Ahora comienza a visualizar el día del examen desde que te levantas. ¿Cómo quieres que sea tu despertar? Imagina que te trasladas al lugar del examen. ¿Cómo te sientes? Imagina con detalle cómo quieres que sea ese momento, para el cual te has preparado tanto... Si las imágenes que comienzan a aparecer son negativas, cancélalas. Puedes trazar una cruz en esa imagen, y comenzar de nuevo, hasta lograr la imagen deseada...

Comienza a visualizar el momento mismo del examen. Obsérvate. Si ves tensión, nuevamente cancela la imagen, hasta que logres ver exactamente y con detalle la imagen deseada, que te dé tranquilidad y seguridad. Y ahora comienza a visualizar el momento donde empiezas a responder las preguntas... Imagina tu confianza al leerlas y tu satisfacción al ver que puedes responderlas.

Mira el camino que has recorrido para llegar hasta aquí, recuerda todas las pruebas que ya has superado para alcanzar este momento tan esperado... ¡Mereces vivir este momento! Construye la imagen deseada, con detalles, con colores, en alta definición... Cada tanto verifica cómo te sientes. Si percibes inquietud, céntrate unos segundos en tu respiración. Inhalo... Exhalo... Me relajo... Libero lo que no necesito... Sonrío...

Y ahora imagina el momento en el cual finalizas tu examen y lo entregas. Atraviesas la puerta del aula, miras hacia atrás y observas ese lugar, donde has entregado lo mejor de ti. ¿Cómo te sientes?

Sales a la calle. ¿Te gustaría llamar a alguien por teléfono? ¿A quién? ¿Qué le dirías?

Inhalo... Exhalo... Momento presente... Momento maravilloso...

El joven médico lo hizo. Visualizó y trabajó con el poder de las palabras todos los días. Pero hizo más: no ofreció resistencia, se entregó. Cuando no te queda nada, cuando no puedes controlar nada de lo que está a tu alrededor, ¡aún te tienes a ti mismo! Practicó todos los días: cerraba los ojos, veía las imágenes, escogía las palabras y desde el fondo de su corazón repetía: «Me lo merezco».

Una semana después me llamó por teléfono y me dijo:

—Verónica, ¡no vas a creer lo que sucedió! Fue como si hubiesen preparado todo el examen para mí. Sabía absolutamente todas las respuestas. Y no sólo eso, sino que entre cientos de postulantes, ¡obtuve el primer lugar!

> *Empieza por hacer lo necesario, luego haz lo posible y de pronto estarás logrando lo imposible.*
> SAN FRANCISCO DE ASÍS

## 2. La desidentificación: «Yo soy yo»

«Yo soy yo y estoy bien» es algo que podemos decir, aun en medio de las crisis más intensas. Muchas veces confundimos lo que somos con lo que hacemos o tenemos. Es fácil caer en la trampa de creer: «Yo soy mi profesión», «Yo soy mi casa», «Yo soy mi empresa», «Yo soy este libro que estoy escribiendo». No confundir nuestro ser con nuestro hacer es muy esperanzador, porque hay momentos en la vida en que podemos perder todo lo que tenemos y cambiar lo que hacemos. Son ésos los momentos en que podemos darnos cuenta de que «Yo soy yo», no soy mi casa, mi profesión o mi puesto de trabajo. Somos mucho más grandes que las cosas que poseemos o los logros que alcanzamos. Esto es lo que le enseñamos a Mariana, que llegó a nosotros en un momento de crisis y presión, pensando que al haber perdido casi todo se había perdido a sí misma.

Mariana era una joven de 29 años, naturalmente optimista. Sin embargo, la tarde en que le anunciaron que el banco había hipotecado su casa y que en una semana debía abandonarla, sintió que el alma se le hacía trizas. Su casa era su lugar preferido en el mundo. No era lujosa, pero para Mariana tenía una gran riqueza. No era inmensa, pero allí estaban todos los recuerdos de su infancia, de su adolescencia, de su adultez. Era la casa de sus padres, de sus hermanos, de sus amigos. La casa donde había celebrado cumpleaños y navidades. La casa a la que siempre le gustaba volver después de un viaje y que esa vez tenía que dejar para siempre.

La noche antes de irse, mientras terminaba de empacar sus cosas, el miedo se apoderó de ella. ¿Qué iba a ser de su vida a partir de ese momento? ¿Qué iba a ocurrir con sus padres lejos de esa querida casa? Nunca tendrían otro lugar como ése.

Fue entonces que decidió hacer algo diferente. Sabía que no podía detener la hipoteca ni evitar sentir una gran tristeza por la situación. Pero también recordó que había aprendido algo que podía servirle para que el dolor de la despedida no se transformara en sufrimiento. Era la estrategia del «Yo soy yo», que había aprendido en nuestro seminario. Recorrió cada rincón de su casa, por última vez, diciendo en voz alta: «Yo soy yo. Yo no soy la casa en la que crecí. Yo soy yo. Yo soy yo. Yo no soy la tristeza que siento hoy. Yo soy yo. Yo soy yo. Yo no soy el dolor de mis padres. Yo soy yo. Yo soy yo. Yo no soy el enojo que hoy sienten mis hermanos. Yo soy yo».

Pudo percibir que, si bien se sentía enojada, ella no era el enojo; que las emociones iban a cambiar. Pudo ver que estaba triste por perder la casa, pero que ella, Mariana, no era la casa... Que ella seguía siendo ella, más allá de las circunstancias. Con esa conciencia pudo empezar a secar sus lágrimas y a imaginar que algo mejor podía llegar a su vida. Mariana tomó aire y suspiró aliviada.

Al igual que Mariana, a medida que logramos liberarnos de las identificaciones que nos limitan, nos damos permiso para responder a cada momento existencial. Dejamos de creer que «somos» nuestras posesiones, nuestros logros, nuestros roles, y descubrimos el «Yo soy yo». Nos movemos espiritualmente a medida que soltamos ese apego a lo que pensamos que somos. Al soltar, trascendemos nuestro ego, descubrimos nuestro ser... Y nos liberamos cuando dejamos de creer que todo depende de nosotros.

### 3. Las tres A: ¡Admítelo, Atiéndelo y Atrévete!

Otra estrategia para atravesar el miedo consiste en seguir tres pasos muy fáciles de recordar: *admítelo, atiéndelo, atrévete*.

La primera etapa o el primer paso es *admitirlo*. La nueva cima está frente a ti, el nuevo proyecto se presenta, el nuevo desafío comienza... Estás en la etapa de la incertidumbre. No sabes lo que puede suceder, y eso, la mayoría de las veces, genera miedo. ¿Cómo me irá? ¿Tendré éxito? ¿Les gustará mi idea? ¿Aprobaré el examen? ¿Me dirá que sí? En esa etapa, lo importante es admitir que tenemos miedo, ya que en la mente los miedos se acrecientan, pero cuando son expresados oralmente, automáticamente disminuyen.

El segundo paso consiste en *atenderlo*. Es el momento de escuchar lo que el miedo te quiere decir. Como dijimos antes, no todos los miedos son negativos; el «miedo sano» puede estar anunciándote que actúes con cautela, pues hay algún peligro real. El miedo también puede estar diciéndote que te prepares adecuadamente para enfrentar el desafío que tienes por delante. Que hagas tus previsiones de tiempo, que reúnas los recursos necesarios, que aprendas nuevas habilidades o desarrolles nuevas actitudes, que te ocupes de los detalles. Una vez que has atravesado esta etapa, de alguna manera ya estás preparado para pasar a la próxima, pues ya comienzas a sentir que el miedo se va transformando en entusiasmo.

El paso número tres consiste precisamente en *atreverse*. Esto significa comprometerse a realizarlo. El compromiso se traduce en acción. Cuando nos comprometemos, sucede algo muy especial; como dice Goethe, es como si todo el universo se pusiera de nuestro lado, para que podamos alcanzar nuestra meta. Hasta que no nos comprometemos, hay vacilación; existe la posibilidad de retroceder; nos domina la inefectividad. Muchas veces la ayuda vendrá de lo inesperado, pero sólo si estamos comprometidos. Cuando hay dudas, es difícil estar dispuestos a recibir. Cuando hay fe y compromiso, tarde o temprano la ayuda llega, pues quiere decir que estamos preparados para aceptarla.

## 4. La reinterpretación de los fracasos

Hoy se habla mucho de la importancia de fomentar la cultura emprendedora como una salida a la crisis. Sin embargo, todavía advertimos que son pocos los jóvenes que se animan a emprender su propio proyecto; la mayoría todavía prefiere trabajar en una empresa establecida. Y aquellos pocos que lo intentan, según indican las estadísticas, suelen abandonar sus proyectos a los pocos años de haber comenzado.

¿Qué es lo que impide que los jóvenes se atrevan a ser emprendedores? La respuesta es compleja, y puede tener muchos ángulos. Sin embargo, podemos identificar algunos factores que provienen del paradigma del miedo, como lo es la actitud frente al fracaso. La mayoría de las personas no se animan a innovar por miedo a fracasar; y quienes sí se atreven suelen tener pocas habilidades para reinterpretar y capitalizar sus mal llamados «fracasos».

A los 32 años Paula pensó que ya era hora de empezar su propia empresa. Con un título universitario en Dirección de Empresas y un MBA, pensaba que tenía las herramientas necesarias para tener éxito. Desde un principio supo que su emprendimiento estaría ligado a la gastronomía, pues la cocina la había cautivado desde pequeña. Después de hacer un primer plan de negocios, se puso en acción. Para montar la cocina comercial pidió dinero prestado a sus padres y amigos más cercanos. En dos meses había logrado instalar las máquinas de cocina en el garaje de su casa, había contratado a dos cocineras y a un joven para que repartiera los pedidos en moto y había diseñado el logo de su empresa y realizado folletería y cajas.

Empezó a producir las tortas para sus primeros clientes que, tal como había estimado, fueron sus vecinos y familiares. Paula estaba contenta, todos los días recibía felicitaciones por la altísima calidad de sus tortas, su presentación, su creatividad… Hasta que un día recibió una llamada que no la dejó tan contenta: era su contador. Hacía meses que las cuentas no cerraban y Paula lo sabía, pero tenía la esperanza de que el negocio mejorara a medida que aumentaran las recomendaciones de boca en boca. Pero ocurrió todo lo contrario: en unos meses Paula había quebrado, no tenía dinero para devolver el préstamo de sus padres y amigos, y los ingresos ya no le alcanzaban ni para pagar los sueldos de sus empleados.

Se dio cuenta de que necesitaba ayuda. Llamó a un ex profesor de la universidad y le contó lo que estaba pasando. «No quiero dejar morir esta empresa. Tengo varias personas a cargo, me siento responsable por ellas… Y, además, ¡cocinar me encanta! Nuestras tortas son buenísimas, sólo que la gente no se entera de que existimos…»

El profesor le dio un consejo y Paula decidió tomarlo: alquilar un local a la calle, que las personas pudieran ver lo que hacía. Sabía que pasar del garaje de su casa a un local era un riesgo, pero estaba dispuesta a tomarlo. Al día siguiente pidió un crédito en el banco y empezó a buscar un local. Finalmente encontró uno que le encantó. Llamó a su hermana, una diseñadora de modas, y le pidió ayuda para decorarlo. Fue tan bueno el trabajo que logró que una revista de gastronomía les solicitara sacar un par de fotos a tan bello local de tortas. Para dar respuesta a las demandas de su ampliado negocio, contrató a algunas personas más y mejoró la manera de promocionar su producto: creó una página web y compró espacios de publicidad en algunas revistas de la zona.

Con el entusiasmo renovado, Paula abrió las puertas de su negocio, pero a pocos meses de empezar se dio cuenta de que, una vez más, las cuentas no cerraban. Su empresa había crecido, pero también habían crecido sus deudas. La tarde que habló con su contador sintió un fuerte dolor en el estómago al tomar conciencia de la situación. Él le dijo: «No queda nada que hacer, Paula. Si no pagamos el crédito, tienes que cerrar el local». Una mezcla de emociones la invadió de golpe: «¿Cómo voy a pagar lo que debo? ¿Qué les voy a decir a mis padres y amigos?»

Entonces sonó su teléfono celular: era su hermano. Ella le contó lo que estaba pasando y él le dio su opinión: «Paula, yo sé que te encanta lo que haces y que has puesto lo mejor de ti, pero... ¿no te parece que es hora de poner los pies en la tierra? No puedes seguir pidiendo dinero prestado. ¿Por qué no buscas trabajo en una empresa que te pague bien y dejas de sufrir tanto? Después de todo, para eso te has formado...»

Paula sintió una angustia profunda, miedo, enojo, vergüenza... Hasta su hermano, que tanto la quería y admiraba, ahora la veía como un fracaso. Esa noche no pudo dormir, ni la siguiente, ni la otra. Pasó semanas preocupada, angustiada... Hasta que decidió que era hora de cerrar. Fue al local, abrió la puerta con un nudo en la garganta y habló con sus empleados. Tratando de distraerse de la angustia, comenzó a ordenar y a bajar cajas de su despacho, un piso arriba del local. Ya estaba terminando de vaciar su lugar cuando de repente, bajando la escalera, perdió el equilibrio y se cayó. Sin moverse, desde el último escalón, se quedó mirando a su alrededor, recorriendo con sus ojos cada detalle del local que con tanto amor había armado. Miró de reojo hacia la cocina y vio las manos de Clara y de Luisa, las cocineras que la habían acompañado desde un principio; vio los folletos con el logo que ella misma había diseñado… Y cuando vio las tortas frescas aún en la vidriera, un pensamiento la acongojó: «Son las últimas tortas». «¡No!», exclamó en voz alta. «¡No!», gritó al borde de las lágrimas. De repente se dio cuenta de que seguía en el suelo, que no se había levantado. Escuchó entonces una voz en su cabeza: «Paula, esto es sólo un tropiezo en tu camino, no es un fracaso».

Fue entonces que se preguntó qué otra cosa sabía hacer además de cocinar, qué otros talentos tenía, cómo podía salvar su querido negocio… Se acordó entonces de que toda la vida le habían ponderado su carisma, simpatía y facilidad para enseñar a cocinar y, de repente, tuvo una idea nueva: ¿qué tal si enviaba un demo de una clase de cocina a un canal de televisión? Un amigo de su marido era productor de un pequeño canal de televisión. Al día siguiente lo filmó y lo llevó.

En una semana la llamaron y la contrataron para conducir un programa de gastronomía. En pocos meses Paula se convirtió en una figura reconocida y su local empezó a crecer. Hoy es la dueña de la cadena de tortas más importantes de su ciudad, conduce un programa de televisión muy popular, ha publicado varios libros de cocina y su cadena tiene franquicias a nivel internacional.

Analicemos el caso… ¿Cómo hizo Paula para convertir un fracaso en un éxito? Ella tenía una formación excelente para dirigir empresas, sin embargo, a la hora de remontar sus primeros «fracasos», eso no le sirvió de mucha ayuda. Le habían enseñado a hacer planes de negocios, pero no sabía que muchas variables no estarían consideradas allí. Le habían enseñado la importancia de construir una marca y una identidad, sin embargo ella dice que su éxito no tuvo tanto que ver con su preparación académica. En una entrevista con la prensa le preguntaron cómo había hecho para sobreponerse a sus fracasos y salir adelante, y ella declaró: «Descubrí que no tuve fracasos: el único fracaso habría sido no intentarlo, o bajar los brazos».

La capacidad de reinterpretar los reveses fue lo que hizo que Paula pasara de ser dueña de un local al borde de la quiebra, a ser la empresaria gastronómica más reconocida de su ciudad. ¿Cómo hacer para reinterpretar el fracaso? Tomando conciencia de que a veces los resultados toman más tiempo del que quisiéramos y que no todo depende de nosotros; aprendiendo a pedir ayuda —recursos, ideas, apoyo— a los demás, sabiendo que los mayores aprendizajes ocurren fuera de nuestra zona de confort; teniendo confianza y convicción en nuestra visión y sosteniendo un diálogo interno que invite a la reinterpretación de lo sucedido: ¿fue un fracaso o un aprendizaje?

La historia de Paula nos sirve para reflexionar… Si queremos formar emprendedores de verdad, necesitamos desarrollar en nuestras escuelas y universidades programas que involucren la educación emocional de los alumnos; que fomenten la cooperación, la conciencia social, el compromiso y la perseverancia. Necesitamos mostrarles a los jóvenes historias de éxito de otros emprendedores, que revelen los supuestos fracasos que debieron atravesar para finalmente triunfar. Necesitamos, sobre todas las cosas, entender que no hay fracasos sino oportunidades de aprendizaje y que, como dijo Paula, el único fracaso es no intentarlo.

*Dentro de veinte años te sentirás más arrepentido por las cosas que no hiciste, que por las que hiciste. Por tanto suelta los cabos. Navega lejos del puerto seguro. Atrapa los vientos favorables y despliega tus velas. Explora. Sueña. Descubre.*
MARK TWAIN

## Superar el miedo

Para alcanzar nuestras metas y nuestros sueños, tendremos que aprender qué hacer cuando sentimos miedo. Los sentimientos de incertidumbre, el temor ante lo desconocido, acompañan al ser humano desde el inicio de los tiempos.

Si bien ante la posibilidad de peligro el miedo es una señal que nos ayuda a prepararnos rápidamente para huir o luchar contra una amenaza, hoy en día sabemos que la mayoría de nuestros miedos son imaginarios y crecen con aquello que pensamos e imaginamos sobre una situación. ¿Cómo hacer, entonces, para no sentir miedo antes de lanzarnos a un nuevo proyecto personal, un emprendimiento empresarial, una nueva relación amorosa?

Vivir sin miedo no se trata de no sentir temores, sino de sentirlos sin permitir que nos detengan. Como dice la escritora Susan Jeffers, se trata de sentir el miedo y seguir adelante, ya que esta emoción puede ser una señal de alerta, de cuidado, y también un aviso para prepararnos de la mejor manera posible.

Para minimizar los fantasmas que muchas veces crecen en nuestra mente frente a la incertidumbre, podemos valernos de la técnica de la visualización, que es muy útil a la hora de cambiar los pensamientos temerosos que nos paralizan por pensamientos e imágenes poderosas que nos acercan a nuestras metas.

Los miedos también pueden surgir frente a la pérdida de cosas preciadas. ¿Quién soy yo sin mi trabajo? ¿Quién soy yo sin mi casa? Recordemos entonces el poder de reconocer que «Yo soy yo». «Yo no soy mi trabajo, yo no soy mi casa». Recordemos que nuestra esencia no cambia por aquello que tenemos, por los roles que desempeñamos o gracias a las posesiones que hayamos ganado. Podemos perder incluso todo lo que tenemos, y seguiremos siendo nosotros mismos.

Los miedos también surgen sobre todo en los momentos de crisis, cuando las cosas salen mal. Una vez más, no se trata de no sentirlo, sino de sentirlo, admitirlo y atenderlo, es decir, saber qué hacer con ese miedo. Al tomar conciencia de que frente a todo lo que nos pasa tenemos la oportunidad de elegir qué pensar y qué sentir, el miedo empieza a perder su fuerza.

## PRÁCTICAS

### I. Los siete pasos de la visualización efectiva

1. Merecer: saber que se puede obtener aquello que en forma repetida se ve. Tener la disposición para crear el cuadro exactamente como lo deseas.

2. Poner la intención: dirigir el cuadro/la imagen, concentrarse en la mente. Ver la imagen, sostenerla.

3. Sin esfuerzo: relajarse, no tensarse ni luchar. Es buena idea hacer algún tipo de ejercicio de relajación primero, como respirar conscientemente.

4. Intensidad: llenar la imagen con tus sentimientos. Permitirte sentir un profundo deseo por eso que quieres llevar a cabo.

5. Ver detalles: meterse dentro de la imagen o cuadro y observar el detalle. Ver las formas, las texturas, los colores. Crear una imagen de alta definición.

6. Incluir: asegúrate de incluirte en la imagen o cuadro.

7. Disfrutar: sentirte bien con lo que ves. Expresar gratitud por recibirlo. «Soltar» la imagen sabiendo que el deseo ya está realizado.

## II. Calmar nuestra mente a través de la música

La música es una de las formas más rápidas de cambiar el estado de ánimo. Platón y Aristóteles ya debatían sobre el rol de la música para armonizar cuerpo y alma. Incluso Pitágoras decía que el ritmo musical armonizaba el ritmo mental. Los místicos de la India y los chamanes de Rusia la usaban para controlar el dolor físico. Y, en la actualidad, como explica Colin Rose en *Accelerated Learning*, la ciencia está comprobando lo que durante muchos años fue una intuición: la música clásica y barroca puede lograr en sólo unos minutos la concentración mental y la calma física que se alcanza con semanas de prácticas meditativas.

La música barroca es ideal para el aprendizaje. Lo favorece y acelera. Buscando crear una forma matemática ideal y armónica, compositores barrocos como Albinoni, Haendel, Vivaldi, Corelli, Telerman, Pachelbel, produjeron la frecuencia exacta que armoniza el cerebro para alcanzar un estado de «alerta relajado». Resulta interesante considerar que el objetivo de los compositores barrocos era crear un estado de ánimo que liberara a la mente de las preocupaciones mundanas.

Por su parte, la música clásica es muy benéfica para nuestro cuerpo y nuestra mente. Numerosas investigaciones, como las de Alfred Tomatis, dan cuenta de los efectos positivos de la música de Mozart. Se ha comprobado que las pulsaciones por minuto que tiene la música de Mozart cambian el estado del cerebro haciéndolo más receptivo. Se dice que alcanza con escuchar 10 minutos de su música para producir un cambio.

La música es una necesidad de nuestro sistema nervioso. Es una forma de coordinar nuestra respiración, el ritmo de nuestro corazón y nuestras ondas cerebrales. Es una herramienta poderosa para acelerar los procesos de aprendizaje y para que lo aprendido permanezca en nuestra memoria de largo término. La música nos ayuda a espantar nuestros temores y a ahuyentar nuestros miedos.

# 3

# LA CONFIANZA Y LA AUTOESTIMA

*La confianza en uno mismo es el primer secreto del éxito... la esencia del heroísmo.*
RALPH WALDO EMERSON

*La autoestima es la confianza que no se puede fingir.*
NATHANIEL BRANDEN

Según Stephen R. Covey, entre los individuos, los equipos, las familias, las organizaciones y las diversas civilizaciones del mundo hay algo en común: «Algo que si desaparece acaba con el gobierno más poderoso, la empresa con más éxito, el liderazgo más influyente, la amistad más sincera... En cambio, si se desarrolla y aprovecha, ese algo encierra el potencial de generar un éxito y una prosperidad sin parangón en todos los ámbitos de la vida. Ese algo es la confianza».

Los seres humanos nacemos llenos de confianza, sin miedo; por eso, durante los dos primeros años de vida, podemos aprender las cosas más importantes que necesitamos: ponernos de pie, nombrar el mundo, relacionarnos de formas diversas con las personas... ¡Hasta aprender a hablar en cinco idiomas sin una enseñanza formal! ¿Por qué ocurre esto? Porque la confianza es innata, está en nuestro interior desde pequeños y, por lo tanto, es posible recuperarla cuando la perdemos, es una cualidad que siempre puede desarrollarse.

Decimos que la confianza es la autopista que conecta un sueño con una meta y es la energía misma que nos sostiene para llegar a buen término. Es lo que nos mantiene en pie aun cuando la situación es adversa. Sin confianza no hay sueños.

## Los beneficios de la confianza

La confianza no está en relación directa con el lugar donde uno ha nacido ni con la cultura a la que pertenece, tampoco con el nivel socioeconómico. Es una propiedad muy personal, que está estrechamente relacionada con la felicidad.

Algunas investigaciones realizadas recientemente señalaron a los daneses como las personas más felices del mundo; otra investigación anterior, igualmente seria, había indicado que los nigerianos eran los más felices. Entonces, si dos culturas tan diferentes en sus creencias, economía y educación mostraron índices elevados de felicidad, podemos decir que la confianza y la felicidad no son temas culturales sino personales.

La confianza impacta en todos los órdenes de la vida, desde nuestra capacidad para aprender hasta nuestras relaciones. Es el vínculo más importante entre las personas, tanto si consideramos a los miembros de una familia como a los de una empresa. Es el motor de un equipo de trabajo, un elemento clave de la economía.

En las entrevistas suelen preguntarme por qué perdemos la confianza si, como ya dijimos, es innata. La pérdida de la confianza puede suceder por múltiples factores, entre muchos otros, por experiencias traumáticas vividas en la infancia o por recibir reiterados comentarios descalificadores de nuestros seres significativos. De adultos, lo que más socava nuestra confianza y nos aleja de esa imagen armoniosa y entregada que éramos al nacer son ciertas actitudes que se traducen en hábitos. Hábitos que, como dice el refrán, se convierten luego en nuestro destino. Veamos, como ejemplo, un caso.

Marcos estaba conduciendo su coche; llevaba a Joaquín, su hijo menor, a la escuela, para luego seguir viaje hacia su despacho. Al mirar por el espejo retrovisor y cruzar varias miradas con él, se dio cuenta de que hacía tiempo que no hacían una salida los dos solos. Entonces, antes de dejarlo en la escuela, le preguntó:

—Hijo, ¿qué te parece si esta tarde vamos juntos al zoológico?

Joaquín tenía 9 años y era un apasionado de los animales, uno de sus paseos preferidos era ir al zoológico.

—¡Me encanta la idea, papá! —dijo sonriente.

Bajó del coche y llegó a la escuela con gran entusiasmo. Todo el día pasó contando los minutos para que llegara el momento de realizar el deseado paseo con su padre.

Al regresar de la escuela, dejó sus cosas con cierto apuro y se sentó en la galería de la puerta a esperar a su papá. Empezaron a pasar los minutos, pero éste no llegaba. Se dio ánimo recordando que a veces regresaba más tarde de la oficina. Pasaron casi dos horas y empezó a oscurecer. Entonces Joaquín lo llamó por teléfono y lo que escuchó no fue agradable:

—Estoy en una reunión, hijo, no puedo hablar ahora...

—¡Pero íbamos a ir al zoológico, pa!

—Sí, hijo, ya lo sé, pero surgió algo urgente. Te prometo que mañana vamos.

Al día siguiente al padre le surgió un viaje de negocios, estaría fuera de la ciudad por tres días. Habló con su hijo y le dijo:

—Hoy tampoco vamos a poder ir, porque tengo que viajar, pero te prometo que el fin de semana, apenas llegue, vamos al zoológico.

Durante el viaje Marcos tuvo que resolver muchos desafíos laborales, y al regresar a su ciudad, se olvidó de lo que había conversado con Joaquín: la promesa de ir de paseo juntos. Pero Joaquín no se olvidó... Simplemente dejó de preguntarle al padre pues ya no creía en sus promesas. Entre ellos, en ese momento, algo se quebró: la confianza. La confianza entre las personas se sustenta a partir del cumplimiento de las promesas, del soporte de la integridad individual y del nivel de responsabilidad con el que se asumen los vínculos.

> *No hay ningún misterio en cómo se crea la confianza. Es una cuestión de congruencia entre palabras y actos. Una persona dice la verdad. Mantiene sus promesas. Respeta los compromisos. Actúa de acuerdo con los valores que profesa.*
> NATHANIEL BRANDEN

## CÓMO AUMENTAR LA CONFIANZA EN LA VIDA DIARIA

La confianza es una elección que hacemos todos los días a través de nuestras actitudes, que se traducen en hábitos. Los hábitos son esas rutinas internas —mentales y emocionales— que se arraigan con tal velocidad y firmeza en nosotros, que podrían parecer rasgos inmutables de nuestra personalidad. Sin embargo, como hemos tenido el privilegio de observar en nuestros cursos y seminarios, no hay límites de edad para aumentar o recuperar nuestra confianza. Hemos visto que hasta una persona de 89 años puede crear nuevos hábitos para vivir mejor.

## El poder de los compromisos: cumplir las promesas

Uno de los hábitos más eficaces para aumentar la confianza en nosotros mismos y generar confianza en quienes nos rodean es cumplir con las promesas. ¿Qué promesas? En primer lugar, las que nos hacemos a nosotros mismos. Faltar a nuestras promesas es una manera rápida y eficaz de socavar nuestra confianza. Al no honrar los compromisos que establecemos con nosotros mismos, empezamos también a fallar en las promesas que hacemos a quienes nos rodean. Por eso, si bien la confianza tiene mucho que ver con nuestros buenos deseos, eso sólo no alcanza.

Cristina, una participante de uno de nuestros cursos, se quejaba de sus kilos de más y de su falta de tonicidad muscular. Se prometía a sí misma comenzar una dieta el lunes e ir al gimnasio pero, cuando llegaba la hora de comer de otra manera y anotarse, olvidaba su promesa. Siempre aparecía algo más importante que hacer.

¿Cuántas veces, como Cristina, nos prometemos cosas que luego no cumplimos?

Las investigaciones demuestran que muchos de nosotros solemos fallar a nuestras promesas y compromisos. Al respecto, Covey presenta un estudio que indica que sólo un 8% de las personas cumple con sus «resoluciones de año nuevo». Si bien el romper estos propósitos que nos planteamos puede parecer algo menor, intrascendente, en realidad no es así. Para reforzar nuestra confianza necesitamos recuperar el valor de nuestra propia palabra.

Estemos atentos a las cosas que prometemos hacer, decir o cambiar. Prestemos atención a los compromisos que establecemos con los demás, por más pequeños que sean. Y cuando por algún motivo no podamos cumplirlos, honremos nuestra palabra, hagámonos cargo. ¿Cómo? Pidiendo disculpas y, siempre que sea posible, restableciendo un nuevo compromiso.

## El poder de la responsabilidad: dejar la postura de víctima

La responsabilidad es nuestra habilidad para responder a todo lo que nos sucede. Las personas con responsabilidad infunden confianza. Cuando alguien vive, trabaja y se relaciona con los demás desde una postura de responsabilidad, más allá de su desempeño o de los resultados que logre, los demás le creen y lo respetan. Lo contrario sucede con quien vive desde la postura de la víctima: esas personas que siempre tienen excusas y explicaciones —en lugar de resultados— y que suelen atribuir su incumplimiento o infelicidad a factores externos. «En este país no se puede progresar», «En este grupo siempre hacen que me sienta mal», «Mi jefe me pone nerviosa», «El tráfico me pone de mal humor», son sólo algunos ejemplos del discurso de víctima.

La postura de la víctima socava nuestra confianza y nuestra capacidad para enfrentar desafíos y resolver problemas. Al ser «víctimas» de circunstancias que no podemos cambiar, nos restamos poder, pues si no somos parte del problema, tampoco podemos ser parte de la solución. Y si no somos capaces de crear una solución, podemos perpetuar el problema durante años.

Cuando digo que «*el tránsito* me pone de mal humor», me pongo en una posición de impotencia, pues no hay mucho que uno pueda hacer para cambiar las complicaciones de vivir en una gran ciudad. Si digo simplemente que «*yo* me pongo de mal humor cuando hay mucho tránsito», me coloco en el rol de protagonista de la situación y me vuelvo a ubicar en una postura de poder, como sujeto. Como *soy yo* quien se pone de mal humor, puedo elegir cambiar ese sentimiento. Como reconozco ser parte del problema, puedo ser parte de la solución.

## El poder de la coherencia: buscar la integridad

Un buen principio para ganar confianza es decir sólo la verdad. Como dice la Biblia, «la verdad os hará libres». La mentira, en cambio, nos vuelve inseguros. En este sentido, Jack Canfield cuenta un relato muy ejemplificador sobre la disparidad de actitudes de dos padres con respecto a su hijo. Una historia que mueve a la reflexión y nos interroga...

Un domingo, por la tarde, Eduardo y Carla llevaron a su hijo a un espectáculo de fuegos artificiales. Al llegar a la boletería, leyeron un letrero que decía: «Menores de 8 años no pagan entrada». Eduardo pagó las tres entradas y, apenas se alejaron de la boletería, su mujer le dijo:

—Eduardo, ¿por qué pagaste tres entradas? Después de todo, Felipe acaba de cumplir sus 8 años, ¡nadie se hubiera dado cuenta si no sacabas su entrada!

Eduardo miró a su pequeño hijo, y en voz baja le dijo a su mujer:

—Él sí se hubiera dado cuenta, y eso es lo que importa.

La integridad es la coherencia entre pensar, decir y hacer. La integridad es la congruencia entre palabras y actos. Y empezamos a perder nuestra integridad desde la infancia, cuando vemos ejemplos de «mentiras piadosas».

> *Cualquiera que no sea cuidadoso de la verdad en los asuntos pequeños no es digno de confianza en los asuntos importantes.*
> ALBERT EINSTEIN

¿Cuándo aprendemos a mentir? Desde que somos niños, cuando absorbemos todo como esponjas. Cuando escuchamos a alguien en casa decir: «Atiende el teléfono y, si es para mí, di que no estoy». Con este tipo de frases y actitudes empezamos a creer que decir algunas mentiras no es tan malo. Lo que quizá no advertimos es que decir mentiras piadosas daña nuestra integridad y también la imagen que los demás se hacen de nosotros. ¿Por qué lo hacemos entonces? La mayor parte de las veces mentimos porque tenemos miedo. Miedo a defraudar a otros, miedo a herirlos, miedo a lo que puedan pensar si decimos nuestra verdad. Mentimos a veces por falta de confianza en nuestro propio criterio, en nuestras opiniones, en nuestras decisiones.

La integridad es un pilar fundamental de la confianza. Es muy importante descartar como recurso las mentiras, por más pequeñas que sean e inofensivas que parezcan.

**Atravesar los desafíos**

La confianza es la convicción de que seremos capaces de enfrentar los retos que nos plantee la vida. En este sentido, es eficaz pensar en la confianza como un músculo que, cuanto más se entrena, más se robustece.

Antonio fue alumno en uno de nuestros cursos. Se presentó el primer día diciéndonos: «A mí no me resultan cómodos estos temas sobre las emociones, la autoestima… Soy contador, hace años que trabajo en una multinacional, siempre trabajé con números y no me siento muy cómodo interactuando con la gente… y si llego a tener que hablar en público me da pánico». Mientras hablaba, dirigía su mirada al suelo y, cuando intentábamos hacer contacto visual, se ruborizaba. Unas semanas después, como cierre del curso, los participantes tenían que presentar, por equipos, un producto que resumiera los contenidos de las clases. El equipo de Antonio hizo una exposición grupal excelente. Lo sorprendente fue que ese día Antonio no sólo se animó a hablar frente al público, sino que fue uno de los oradores más carismáticos y cautivó a la audiencia.

Antonio ciertamente parecía otra persona, pero no lo era. Era el mismo, después de haberse animado a atravesar lo que para él era un gran desafío. ¿Cómo hizo para vencer el miedo a hablar en público y a transformar lo que él consideraba una debilidad en una fortaleza? Se valió de muchas de las herramientas que iremos presentando a lo largo de este libro.

Al igual que Antonio, cada vez que nosotros nos atrevemos a salir de nuestra zona de confort —en eso consisten los desafíos—, nos damos un mensaje muy importante a nosotros mismos: un mensaje que nos recuerda que somos capaces de enfrentar la incertidumbre, que somos capaces de intentar algo aunque no lo sepamos hacer, que el miedo a fracasar puede sobrevolar por nuestra cabeza pero no detenernos. Cada vez que superamos un desafío, nuestra confianza crece. Esa confianza renovada se traduce en nuevas formas de pensar y de actuar en todos los ámbitos de la vida.

**Reconocer los logros**

Una de las maneras de tener más confianza en la vida diaria es empezar a darnos cuenta de las cosas que hacemos bien. En general, solemos dar por sentado nuestros logros y nos dedicamos especialmente a observar y criticar lo que hacemos mal. Un ejercicio que suelo proponer es tener un registro de los logros. En nuestros seminarios muchas veces pedimos a los participantes que escriban los 100 logros de su vida. «¿Cien logros? ¡Me cuesta pensar en 10!» es la respuesta masiva que recibimos… Después de un rato comienzan a aparecer aquellos logros de la vida que, por ser interpretados como obvios, nunca catalogamos como éxitos personales. Entonces, pensando y pensando, la lista de 100 se completa fácilmente; y cuando finalmente leemos nuestros 100 logros de principio a fin, causa un gran impacto en nuestra confianza, sobre todo en momentos difíciles, que es cuando más la necesitamos.

Quizás otra de las cosas más fáciles sea la de construir un rincón de logros: un lugar en donde puedas poner tu registro de éxitos: fotos de momentos de alegría, un diploma, un premio, una medalla, una carta de alguien, una felicitación por escrito… Lo que sea que te recuerde tus triunfos, tus momentos de felicidad y de celebración, cualquier cosa que te recuerde tu luz. Porque tendemos a ver nuestras partes oscuras y a olvidar nuestras zonas de esplendor.

Ésta es una práctica muy buena para hacer en nuestro lugar de trabajo, para motivarnos. También es una actividad que recomiendo en mis cursos para padres, pues es una manera muy efectiva y duradera de aumentar la confianza y la autoestima de nuestros hijos.

## La autoestima: el cimiento de la confianza

Según Henry David Thoreau, «lo que una persona piensa de sí misma es lo que determina o indica su destino». En mi experiencia como *coach*, muchas veces he visto que hay personas a las que les enseñamos las prácticas para fortalecer la confianza que ponen toda su buena voluntad y sus ganas en llevarlas adelante, sin embargo, al cabo de un tiempo, vuelven a sus viejos hábitos. También he visto personas que lograron fortalecer su confianza, pero que no se sienten felices consigo mismas. Cuando eso ocurre, es el momento de trabajar con la autoestima, el cimiento de la verdadera confianza.

Mi amigo y colega Nathaniel Branden, uno de las mayores autoridades en este tema, explica que la autoestima tiene que ver con sentirnos competentes, conscientes de nuestra eficacia, es decir: poseedores de una confianza muy profunda, que va más allá de cuánto sabemos, cuánto poseemos o cuánto hemos logrado. Branden asegura que la autoestima es una confianza que no se puede fingir.

El doctor David Myers de la Universidad de Michigan llevó adelante una gran revisión de investigaciones relacionadas con la autoestima, y arribó a la conclusión de que el indicador que anticipa con mayor seguridad el nivel de satisfacción de la vida de una persona es su nivel de satisfacción consigo misma. Y Luis Rojas Marcos, reconocido psiquiatra español, afirma que entre el 75 y el 85 por ciento de los hombres y mujeres encuestados sobre el tema, en estudios realizados en diferentes culturas, marcó el ítem «tener una buena opinión de uno mismo» como el componente más importante para sentir felicidad.

Según sus observaciones, a la hora de averiguar si una persona es dichosa, no ayuda conocer su estado civil, su nivel de ingresos, si es bella o si tiene título universitario. La mejor pista para saber si es feliz es descubrir «en qué medida goza de una alta, saludable y constructiva autovaloración de sí misma».

> *La imagen de sí: es lo que la persona ve cuando se mira a sí misma.*
> ROBERT BURNS

### ¿Por qué es tan importante la autoestima?

Descubrí el poder de la autoestima hace más de 20 años, cuando realicé mi primera investigación al respecto en el ámbito de la educación. La intuición me decía que trabajar sobre la imagen de uno mismo podía tener un impacto muy grande en diferentes aspectos de la vida. Lo que no imaginé era cuán contundentes serían los resultados. La hipótesis con la que inicié el proyecto de investigación era que trabajando sobre la autoestima de alumnos se podían generar resultados académicos extraordinarios en poco tiempo.

El proyecto, al que llamé «Me gusta ser quien soy», consistió en desarrollar actividades que fomentaran la autoestima de los niños durante 3 horas semanales por espacio de 10 semanas. Trabajamos todos los frutos del paradigma del amor mencionados en el capítulo uno, a través de actividades que fomentaban la aceptación, el descubrimiento de los talentos, el poder del amor, la cooperación, el ser único.

Para dar validez académica a mi investigación, me vi casi obligada a medir rigurosamente lo que yo siempre presentí a nivel visceral: que el aprecio por nuestro ser podía marcar la diferencia. Al analizar el «antes y después» de cada alumno, observamos que los resultados eran simplemente extraordinarios: todos habían aumentado su rendimiento académico de manera exponencial. Sin embargo, no fue eso lo que más me sorprendió. Lo que jamás olvidaré fue lo que sucedió con el que se presentó desde el primer día como el niño más desafiante de la clase…

Emilio tenía ocho años, ojos vivaces y cabello negro. Sólo necesitó unos pocos años de escuela para obtener el primer puesto en mala conducta. Su desempeño académico era muy pobre y, además, era rechazado por sus compañeros y temido por sus maestros. Estaba catalogado como «el camorrero de la clase». Gracias a su autoestima hecha añicos, Emilio se convertiría, sin saberlo, en uno de mis grandes maestros.

Uno de los métodos utilizados para evaluar el impacto del proyecto fueron dibujos: se les pidió a los chicos que se dibujasen a sí mismos al comienzo y al final de la investigación y que escribiesen un comentario sobre su persona. En su dibujo inicial, que mostramos en nuestra película *Confianza Total*, Emilio se dibujó completamente tapado, con una máscara, casco, guantes, su cuerpo bajo el agua y sin colores. El comentario que escribió sobre su persona fue: «Estoy en el mar». Menos de 3 meses después, me estremecí al ver su dibujo final: esta vez tenía la cara descubierta y sonriente, los ojos vivaces, ropa de colores y los brazos abiertos... Han pasado veinte años de ese momento y aún recuerdo las lágrimas corriendo por mi rostro al leer la frase que Emilio escribió sobre su persona al final del proyecto: «Descubrí que soy normal, aprendí que soy único».

Desde ese entonces la autoestima se convirtió en un tema que ha ocupado mi mente y mi corazón. Un tema que transmití a niños, a jóvenes y a adultos. Un tema que me llevó de las aulas a las empresas y de la Argentina a los cinco continentes. Un tema que he puesto en práctica no sólo en mi trabajo, sino también en mi hogar. Una motivación que literalmente ha cambiado mi vida.

La autoestima, ese sentimiento de valoración que hacemos sobre nosotros mismos, impacta en todos los órdenes de nuestra vida. Determina la persona que elegimos como pareja, la carrera que estudiamos, el trabajo que conseguimos, los amigos que frecuentamos, los proyectos que emprendemos. Cuando miramos hacia nuestro interior, todos tenemos una imagen particular de nosotros mismos. La autoestima es, precisamente, cómo nos sentimos con respecto a esa imagen.

## INDICADORES DEL TIPO DE AUTOESTIMA QUE TENEMOS

| AUTOESTIMA ALTA | AUTOESTIMA BAJA |
|---|---|
| Siente paz interior. | Anticipa resultados negativos. |
| Establece metas profesionales y personales realistas. | Propone objetivos no realistas. |
| Entabla relaciones armoniosas. | Establece relaciones competitivas. |
| Desarrolla la amistad. | Tiende a compararse con otros. |
| Se expresa creativamente. | Acusa a otros. |
| Acepta todos los sentimientos. | No dice lo que siente. |
| Se torna más tolerante y comprensivo. | Hace que los demás se sientan culpables. |
| Es optimista. | Es pesimista. |

### ¿Cómo puedo hacer para construir o reforzar mi autoestima?

Nuestra autoestima comienza el día en que decidimos aceptarnos tal cual somos, cuando elegimos ser nosotros mismos con el propósito de tomar nuestra vida en nuestras manos. Construir nuestra autoestima es nada más, y nada menos, que abarcar y aceptar todos nuestros aspectos —nuestra luz y nuestra sombra—; por eso reforzamos nuestra autoestima el día que empezamos a reconocer y usar nuestros talentos.

Como dice la escritora Marianne Williamson en su libro *Un regreso al amor*, «nuestro miedo más profundo no es que seamos inadecuados. Nuestro miedo más profundo es que somos poderosos, más allá de toda medida. Es nuestra luz, no nuestra oscuridad, lo que nos asusta. Nos preguntamos: ¿quién soy yo para ser brillante, fantástico, inteligente, fabuloso? En realidad, ¿quién eres tú para no serlo?»

Virginia Satir, la gran pionera estadounidense de las terapias familiares, cuenta que una vez llegó a su consultorio, en busca de guía, una joven de 15 años. La adolescencia es una edad de crisis y turbulencia que suele venir acompañada de confusión y angustia. Es la edad del cambio, de las metamorfosis importantes; en realidad, una de las tantas de la vida… Esta joven se acercó a Virginia con una pregunta ambiciosa: «¿Cómo puedo prepararme para vivir una vida con plenitud, si yo no sé quién soy?» Y en respuesta, Virginia Satir escribió un texto que pasó a ser emblemático y que se conoce como *Mi declaración de autoestima*. Es interesante detenerse en algunas frases centrales de este gran manifiesto, que se inicia con una línea poderosa:

*Yo soy yo. En todo el mundo no hay nadie exactamente igual a mí.*
En esta frase, Satir toca la esencia de la autoestima; ofrece el concepto de que somos seres únicos, irrepetibles, que el molde en el cual fuimos creados se rompió el día en que nacimos, pues nunca jamás podrá replicarse nuestra persona. Este concepto de la singularidad lo cambia todo… Cuando entendemos que nunca existió y nunca habrá de existir nadie igual a mí, dejo de compararme con los demás, dejo de querer ser otra, y estoy lista para emprender la verdadera aventura: descubrir quién soy yo.

*Como soy dueña de mi persona, puedo conocerme íntimamente. Al hacerlo, puedo amarme y querer todas mis partes. Entonces puedo hacer que todo en mí trabaje para mi bien.*
Aquí Satir nos revela la importancia de hacernos responsables de nuestra vida y de conocernos en profundidad. Es una invitación a mirarnos sin miedo en el espejo, a descubrir nuestras luces y sombras, nuestros talentos y áreas de mejora.

*A la hora de un examen de conciencia, respecto de lo que he dicho y hecho, de lo que he pensado y sentido, algunas cosas resultarán inadecuadas. Pero puedo descartar lo inapropiado, conservar lo bueno e inventar algo nuevo que supla lo descartado.*

La idea de poder descartar lo que no nos sirve más y reemplazarlo por algo bueno es muy alentadora, está totalmente en línea con lo que hemos mencionado antes acerca de la posibilidad de transformación que tenemos todos, de nuestra capacidad de modificar hábitos y tendencias que ya no nos sirvan, para incorporar en su lugar aquellas actitudes de vida que nos enriquezcan.

*Sé que hay aspectos míos que me confunden y otros aspectos que no conozco. Pero si soy cariñosa y buena conmigo, puedo buscar con valentía y esperanza soluciones a los enigmas y formas de saber más acerca de mí.*

El secreto de poder experimentar esta metamorfosis, que nos lleva a construir nuestra autoestima, esa confianza auténtica que no se puede fingir, es precisamente tratarnos a nosotros mismos con cariño.

Síntesis de los principios importantes para construir la autoestima

- Adueñarnos de nuestra vida: sentirnos responsables.
- Saber que somos seres únicos e irrepetibles: dejar de compararnos.
- Reconocer nuestros talentos y usarlos.
- Identificar nuestras áreas de mejora.
- Observarnos: conservar lo bueno y descartar lo inapropiado.
- Inventar algo nuevo que supla lo descartado.
- Tratarnos con cariño, siempre.

## La imagen de uno mismo: el amor empieza contigo

La imagen de sí es la representación interna que nos hacemos de nosotros mismos, la que define cómo nos vemos y cómo pensamos que nos ven los demás.

Branden señala que a las personas les resulta muy difícil actuar más allá de la visión profunda que tienen acerca de quiénes son ellas mismas, como si nuestro inconsciente necesitara confirmar constantemente la imagen que tenemos de nosotros.

En este sentido, recuerdo el caso de Lucía. En un seminario para aumentar la confianza nos contaba que al observar su vida advertía que su mayor obstáculo estaba en el área de formar pareja: se veía atascada en relaciones amorosas que no le hacían bien. Ella decía: «Cuando me quieren, yo no los quiero; y cuando los quiero, no me quieren. ¡Siempre me engancho con sujetos complicados!» Es evidente que Lucía tenía una imagen de sí como mujer bastante desvalorizada, y esto la llevaba, una y otra vez, a confirmar dicha imagen a través de experiencias dolorosas.

Las personas que tienen una imagen de sí muy empobrecida son propensas a involucrarse en relaciones complejas que, con seguridad, les producirán infelicidad, como por ejemplo enamorarse de seres que seguramente las harán sufrir. Cuando se encuentran con personas que las tratan bien, que las aprecian, que las quieren, que les dan amor, inconscientemente comienzan a hacer todo lo posible —y lo imposible— para estropear la relación, para que se los rechace. Se convierten en sus propios saboteadores. Y esto es válido para todas las áreas de la vida.

Si bien existe una autoestima global, la resultante de una evaluación general de la imagen de uno mismo en diferentes aspectos de la existencia —espiritualidad, relaciones humanas, estudios y carrera, finanzas, deportes y salud, aspecto físico—, lo que va a impactar en mi autoestima son aquellas áreas que para mí sean importantes. Es decir, si yo tengo una imagen de mí pobre como deportista pero el deporte no me resulta algo importante, esto no va a afectar demasiado mi autoestima global. En cambio, si para mí el ser una buena madre es algo valioso, tener una imagen negativa de mí misma como madre sí va afectar mi autoestima global.

**La mirada y las palabras de los otros**

Seguramente hay aspectos de nosotros mismos con los que no estamos conformes, otros que queremos mejorar, y esto es parte de la construcción de la autoestima. Es importante empezar a pensar en qué áreas están nuestras fortalezas, y en qué otras surgen nuestras necesidades de mejorar.

Aún no hay un método que sea totalmente objetivo de evaluar la autoestima, pues, como dice el psiquiatra Rojas Marcos, no hay un instrumento de medición como lo hay para medir la temperatura corporal o para determinar el azúcar en sangre. ¿De qué depende que la imagen de sí sea negativa o positiva? En gran medida, de las experiencias vividas. Como ya señalamos, nacemos llenos de confianza, sin miedo, y con disposición para realizar cualquier aprendizaje. Sin embargo, a medida que crecemos, podemos comenzar a recibir comentarios negativos acerca de nosotros mismos: «Qué tonto que eres»; «Eres un inútil, deja que lo hago yo»; «No eres bueno para los números»; «No tienes oído para los idiomas»; «Eres un idiota»; «¿Por qué eres tan malo?»; «No sirves para nada». Los descubrimientos de una investigación de la que informa Jack Canfield demostraron que los niños reciben, como término promedio, 460 comentarios negativos o críticos al día y solamente 75 positivos.

Estos comentarios, por lo general, provienen primero de los

padres; luego, al iniciarse la escolaridad, de los maestros, y finalmente de los pares en la adolescencia: los tres espejos en los cuales nos miramos en la infancia y en la juventud para ir formando la imagen de quiénes somos.

> *Cada segundo que vivimos es un momento nuevo y único del universo, un momento que nunca volverá a ser de nuevo. Y ¿qué les enseñamos a nuestros niños? Les enseñamos que dos más dos es cuatro, y que París es la capital de Francia. ¿Cuándo les enseñaremos también lo que son?*
>
> *Debemos decirles a cada uno de ellos: ¿Sabes lo que eres? Eres una maravilla. Eres único. En todos los años que han pasado, nunca ha habido un niño como tú. Tus piernas, tus brazos, tus inteligentes dedos, la manera en la que te mueves. Puede ser que te conviertas en un Shakespeare, Miguel Ángel o Beethoven. Tienes la capacidad para todo. Sí, eres una maravilla. Y cuando crezcas, ¿puedes entonces hacer daño a otro que sea como tú, una maravilla?*
>
> *Debes trabajar, todos debemos trabajar, para hacer que el mundo sea digno de sus niños.*
>
> PABLO CASALS

Las frases repetidas con insistencia por aquellas personas que son significativas en la vida de un niño o de un joven ayudarán a modelar la representación interna que tiene de sí. Como veremos en profundidad en otro capítulo, las palabras no son inocentes ni se las lleva el viento.

Si los comentarios de los padres son mayormente descalificadores, el niño comenzará a internalizar que es alguien que no tiene valor. En cambio, si las palabras son de aliento y motivación, el niño sentirá y creerá que es valioso y merecedor de amor. Y como explicamos antes, esta imagen interna es uno de los mayores determinantes de la confianza duradera, del éxito y de la felicidad.

El caso de «la barra brava»

Hace muchos años, cuando mi foco de trabajo era principalmente el mundo de la educación, me llamaron para que diera un taller sobre autoestima para adolescentes de una escuela secundaria. El grupo de la mañana había sido muy bueno, chicos entre doce y catorce años muy atentos e interesados en el tema. Por la tarde, venía otro grupo, con chicos un poco mayores, entre quince y diecisiete años. Me habían advertido que éstos serían mucho más difíciles que los primeros, que entre ellos había un grupo imposible, al que llamaban «la barra brava», como se suele denominar a los fanáticos pesados, agresivos, de los equipos de fútbol en Argentina.

Iniciamos la conferencia sin problemas. Yo me preguntaba dónde estaban los chicos difíciles, hasta que de pronto, unos quince minutos después del comienzo, se abrió la puerta e hizo su irrupción el grupo considerado por todos como tan problemático. Entraron en fila india, mirándome de reojo y con una sonrisita socarrona dibujada en los labios. Se sentaron atrás de todo, por supuesto, en un ángulo del salón que estaba alejado de mí. Enseguida el aire se enrareció y los demás chicos comenzaron a inquietarse, como si supieran que ya nada iba a ser igual. En efecto, a partir de ese momento no pude continuar con la charla: cada vez que yo intentaba decir una palabra, las risas de «la barra brava» tapaban mi voz. Eso ocurrió reiteradas veces, hasta que abandoné el lugar inicial y fui caminando al centro del salón. Cerré los ojos como buscando inspiración, y pregunté en voz muy alta, sorpresivamente:

—¿Alguna vez les han dicho: «Eres un inútil», «Eres un idiota», «No sirves para nada»?

Casi al instante se levantaron todas las manos de los integrantes de «la barra brava». Los miré y le indiqué a uno de ellos que hablara... Entonces él me respondió:

—Todos los días, nos dicen eso y mucho más... Nos dicen que somos unos infradotados. Que somos basura.

En ese momento se hizo un silencio profundo. Tomé aire, los miré a los ojos, y les dije que precisamente esos comentarios eran los que marcaban la imagen que ellos tenían de sí mismos, y que esa representación interna de sí determinaba su comportamiento presente, que seguramente no les estaba jugando a favor. Los vi asentir. También les dije que eso se podía revertir. A partir de allí hicimos contacto. Percibieron que lo que les iba a decir era auténtico y no sólo algo teórico, y que les podía servir tanto a sus compañeros como a ellos mismos. Claro está que al terminar la charla, los que más me sorprendieron con su síntesis fueron los de «la barra brava». Pusieron por escrito un pedido a sus maestros y a sus padres: «Por favor, ¡no nos digan más que somos basura! Trátennos con cariño».

Al día siguiente, en el marco de un seminario, tuve que hablarles a los padres de esos chicos, que llegaron desconcertados, casi enojados conmigo. Creían que yo les había dado a sus hijos un motivo más para alentar su rebeldía, y ahora ellos pasaban de ser víctimas a victimarios...

Lo primero que les expliqué es que estoy convencida de que la mayoría de los padres queremos lo mejor para nuestros hijos y que nos guían las mejores intenciones. Sin embargo, eso no es suficiente para no caer en graves errores; los padres nos equivocamos, y muchas veces repetimos faltas que fueron cometidas por nuestros propios padres. Esto suele suceder cuando hay presión y, en ese estado, se nos disparan reacciones en automático. Pero la gran noticia es que una vez que conocemos este mecanismo podemos modificarlo, comenzar a observar aquello que decimos, descartar lo que no sea apropiado, y reemplazarlo por algo que sí resulte adecuado. Para eso la regla de oro es separar el hecho de la persona. Terminamos ese seminario con emoción y agradecimiento mutuo por el intercambio y aprendizaje conjunto.

> *Es mucho más difícil juzgarse a sí mismo que a los demás. Si logras juzgarte bien a ti mismo, eres un verdadero sabio.*
> ANTOINE DE SAINT-EXUPÉRY

A veces no somos conscientes del poder que tienen las palabras, de lo contrario creo que no se dirían las barbaridades que a veces se dicen en la intimidad de la familia. Elsa Punset, en su libro *Brújula para navegantes emocionales*, propone un ejercicio que me parece muy interesante, creado por el especialista en educación emocional Maurice J. Elías, y que se llama «La prueba del vecino». Consiste en ver cuántos días podemos resistir hablando en casa, imaginando que está con nosotros un vecino. De esta forma podemos empezar a ser conscientes de las cosas que decimos, al reprimir aquellas palabras que jamás pronunciaríamos frente a alguien ajeno a la familia. Para explicar este ejercicio Elsa Punset remite a Elías: «¿Es usted capaz de comportarse con sus hijos y su pareja durante un día como si un vecino lo estuviese escuchando todo el tiempo? ¿No decir nada a su hijo o pareja que el vecino no pudiera escuchar? Muchos padres me confiesan que es muy difícil. Y yo les digo que cuando consigan hacerlo durante todo un día, tienen que intentar hacerlo durante un día a la semana. Las personas necesitan este día semanal para encontrar equilibrio emocional, para que les hablemos de manera respetuosa y cariñosa, sin esos pequeños insultos y palabras de desaliento que utilizamos a diario».

Si no cuidamos nuestras palabras, podemos dañar la imagen de sí mismo de alguien a quien queremos mucho, ya sea nuestros hijos, nuestros alumnos o nuestros amigos... Como hemos dicho, esa imagen se puede reparar, ¡pero cuánto mejor sería no tener que hacerlo!

Cuando digo esto en nuestros seminarios, muchas veces me preguntan qué hacer entonces cuando necesitamos señalar un comportamiento que es inapropiado.

Y mi respuesta es que tenemos que separar el hecho de quien lo hace. El hecho puede ser equivocado y hasta altamente perjudicial, pero no quien lo comete, que puede ser una persona valiosa. En términos prácticos y para dar un ejemplo, advirtamos la diferencia que existe entre decirle a un hijo adolescente: «Tu cuarto está desordenado», en vez de «Eres un desordenado». Si todos los días le digo que es desordenado, sólo voy a conseguir más de lo mismo, porque refuerzo aquello a lo que le presto atención. Este principio se alinea con una regla para construir una imagen positiva en los niños, formulada por el Haim Ginott, profesor de psicología de la Universidad de Nueva York, que dice que, en lugar de criticar o alabar al niño como persona, nos centremos en su accionar. No hay que decirles que son malos, sino que han hecho algo que está mal; tampoco decirles que son unos genios, sino que han hecho algo genial.

Esto es válido en todos los ámbitos, no sólo en la familia. Cuando trabajamos con ejecutivos, les indicamos que aquello a lo que más le presten atención es lo que más se acrecentará. Si se centran en los errores de su equipo y además al remarcarlos no separan el hecho de la persona, pues es posible que dañen la autoestima de los integrantes de su equipo y, además, probablemente consigan reforzar aquello que quieren corregir. La regla es que aquello a lo que le prestamos más atención crece, se multiplica.

## Usamos máscaras para protegernos

Vale la pena explorar algunas de las consecuencias de una imagen de sí lastimada. Cuando la imagen de uno mismo está dañada, es posible que al crecer empecemos a ocultarla bajo máscaras que usamos para protegernos. A nadie le gusta andar por la vida mostrando las heridas que nos ocasiona el pensar que no somos lo suficientemente buenos, que no tenemos valor, que no merecemos ser amados.

Las máscaras pueden tomar formas muy diversas: desde la modestia más extrema hasta la pedantería más escandalosa. Ambas conductas, aunque opuestas en su expresión, son posibles indicadores de baja autoestima.

A lo largo de los años en que me he dedicado a investigar acerca de la autoestima, he encontrado personas que me dicen: «Mis empleados, mis hijos, mis compañeros de trabajo tienen demasiada autoestima. ¡Son unos arrogantes!» Es importante destacar que, aunque la máscara del «Sr. Perfecto» o del «Todopoderoso» —arrogantes, jactanciosos, prepotentes— no sean a primera vista indicadores de una baja autoestima, sin embargo lo son. Cuando las personas adoptan ese comportamiento, están necesitando ayuda. Por otra parte, es imposible tener *demasiada autoestima*. La autoestima es como la salud: nadie puede decir que tiene demasiada y, cuando la tiene, hay que cuidarla y atesorarla.

### Síndromes del «todopoderoso» y del «barril sin fondo»

Mark lo tenía todo o casi todo… Dinero, mujeres, poder, juventud y una musculatura trabajada durante años en el gimnasio. Cuando lo vi por primera vez, pensé que era físico-culturista. Pero no, la atención desmesurada a su cuerpo era sólo una indicación más de sus obsesiones. A los 29 años decía que aquello que tenía lo había conseguido a base de trabajo, aunque todos sabían que su fortuna era producto de una herencia. Cuando Mark llegaba a un lugar, bajaba de su coche importado último modelo, y enseguida se producía un enorme revuelo, como si llegara una superestrella: la gente vivaba su nombre, quería tocarlo como si se tratara de un héroe. Había conseguido su fama gracias a su carisma y también a su dinero. Estaba en los diversos medios de comunicación a diario, exhibiendo su lujosa mansión en California, sus viajes exóticos y sus conquistas amorosas. Se presentaba al mundo como un triunfador, y lo era. ¿O no?

Un día, observando este fenómeno, tuve una conversación con Francisco, un joven cliente, que empezó a raíz de un comentario suyo: «Este Mark sí que tiene la vida resuelta… ¡Tiene todo! ¡Debe ser muy feliz!» Sin poder afirmar realmente lo que Mark vivía o sentía, le propuse a Francisco que se imaginara cómo se sentiría Mark a la hora de apoyar la cabeza en la almohada, cuando ya nadie lo veía, cuando no había imagen que cuidar, ni gente a quien impresionar. Le dije que hiciera por un instante el ejercicio de pensar cómo se sentiría si él fuera considerado casi como un dios o un héroe, sin haber hecho nada verdaderamente trascendente. Le hablé del «síndrome del todopoderoso», una expresión que acuñé para darle color a la charla; le expliqué que es la conducta que despliegan algunas personas que están muy heridas y que, como necesitan ocultar sus heridas, se ponen la máscara del Sr. Perfecto o del todopoderoso, para disimular. Sin embargo, debajo de esa conducta obsesiva, suele alojarse mucho rencor, muchas heridas, mucho desamor.

Le hablé también de otro síndrome, que también acuñé para seguir captando su atención: el «síndrome del barril sin fondo», que es el que se experimenta cuando el vacío interior es tan grande que exige permanentemente ser llenado con algo, acumulando posesiones, haciendo proezas, trabajando sin cesar, teniendo éxitos... Pero como pasa con las drogas, esos logros nunca alcanzan. Nada es suficiente, porque el barril no tiene fondo. Todo va a parar a un saco roto. La que suele estar rota, en realidad, es la imagen de uno mismo, y en tanto no la reparemos, todo lo que hagamos no servirá de mucho...

Después de la charla le pregunté a Francisco si de verdad creía que Mark era feliz, y él me contestó: «No lo sé, pero creo que no me gustaría vivir su vida».

## La autoestima: un tema apasionante

En *Los seis pilares de la autoestima*, Nathaniel Branden escribió: «La autoestima es confiar en nuestra habilidad para pensar, confiar en nuestra habilidad para enfrentar los desafíos básicos de la vida y confiar en nuestro derecho a tener éxito y ser feliz. Sentirse digno, merecedor, con derecho a expresar nuestras necesidades y deseos, alcanzar nuestros valores y disfrutar de los frutos del esfuerzo».

Allí se acerca a la esencia de la autoestima al destacar la necesidad de confiar en uno mismo y considerar que uno es merecedor de la felicidad. ¿Pero cómo vamos a alcanzar la felicidad si sentimos que no tenemos derecho a ella? Branden se ocupa de completar la idea: «Autoestima verdadera es lo que sentimos por nosotros mismos cuando todo anda mal».

Mi querido amigo y colega Jack Canfield, que es otro de los grandes referentes del tema autoestima, autor de la célebre serie *Chocolate caliente para el alma* (*Chicken Soup for the Soul*), dice que, cuando nuestra autoestima es alta, nos sentimos capaces y dignos de ser amados. Al atravesar momentos difíciles podremos caer, aprender y comenzar de nuevo, en lugar de detenernos o, peor aún, ni siquiera intentarlo.

Robert Reasoner, uno de mis grandes maestros, fundador del Consejo Internacional de Autoestima del que soy parte, y pionero del movimiento de la autoestima en la educación en los Estados Unidos, nos advierte sobre los peligros de limitar el concepto de autoestima a la idea de sentirse bien con uno mismo. Él afirma que «los programas y esfuerzos que se limiten a hacer que sus estudiantes se sientan bien tendrán efectos poco duraderos, porque no llegarán a fortalecer las fuentes internas de la autoestima, vinculadas con el sentido de la integridad, la responsabilidad y el logro. Sólo al abordar estos aspectos del desarrollo humano se puede construir la verdadera autoestima».

Cabe agregar que la autoestima a la que nos estamos refiriendo no tiene nada que ver con sentimientos narcisistas ni egocéntricos; muy por el contrario, como explicaremos más adelante, consideramos estos aspectos como señales de baja autoestima. Pero antes de ahondar un poco más en el tema, cabe hacer una aclaración. Muchos me siguen preguntando, y con bastante frecuencia, si esta cuestión de la autoestima es algo nuevo; si es una moda, una consecuencia de la *new age* o de alguna otra cosa. ¿Tiene acaso fundamentos teóricos y antecedentes? ¿Para qué sirve? Para responder a estas preguntas, hagamos un recorrido del concepto de autoestima a través del tiempo.

## Entre el ser real y el ser ideal

Podríamos decir que el concepto de autoestima se remonta a tiempos tan lejanos como el siglo V a.C., ya que la frase de Sócrates «conócete a ti mismo» aparece en la ciudad de Delfos grabada en el frente del templo de Apolo. Esta frase remite a la idea de que suele haber una brecha entre lo que somos, lo que queremos ser y lo que creemos ser.

Resulta muy interesante descubrir el concepto del «ser», esencia de la autoestima, que fuera explorado y redefinido en 1890 por William James, el padre de la psicología estadounidense. Durante siglos este concepto fue uno de los pilares de la filosofía, hasta que James reconstruyó el concepto desde la perspectiva de la psicología. Con claridad meridiana, James explicó que nuestra autoestima equivale a la distancia que existe entre aquello que *queremos ser* (el ideal) y lo que *creemos ser* (la imagen que tenemos de nosotros mismos). Lo que sentimos con respecto a esa distancia determina nuestra autoestima. Distancia va a existir siempre, pero si llega a ser un abismo, estamos en problemas con nuestra autoestima. Para remediarlo, según James, podemos hacer dos cosas: ubicar al «ser ideal» en una medida más realista, es decir, bajar el ideal que nos proponemos alcanzar y, simultáneamente, trabajar para desarrollar nuestras habilidades de manera que podamos elevar la imagen que tenemos de nosotros mismos.

Cuando la discrepancia entre nuestra imagen y nuestro ideal es muy grande, es posible que acuñemos sentimientos de resentimiento hacia nosotros mismos y envidia hacia los demás. Un dicho popular resume una inteligente solución: «Cuando el pasto del vecino nos parece más verde, fertilicemos el nuestro».

Avanzando en el tiempo, llegamos a la teoría del espejo, postulada por Cooley en 1902, que explica que las personas construimos la imagen que tenemos de nosotros mismos como resultado del reflejo que recibimos de nuestro entorno. Como ya señalamos anteriormente, a través de las interacciones con los seres significativos, desde pequeños vamos recogiendo información con respecto a nuestro propio valor. Si la imagen que se refleja es pobre y negativa, el niño se verá desvalorizado y actuará en consecuencia con esa imagen en su vida futura.

Hoy sabemos que la autoestima impacta en nuestra motivación. Es difícil entender la autoestima si no la relacionamos con este aspecto. Según el conocido psicólogo Abraham Maslow, tanto los niños como los adultos se comportan de maneras que son congruentes con su visión de sí mismos. Esto es de crucial importancia, ya que la motivación para crecer y aprender está en franca relación con nuestra autoestima. En su teoría de la dinámica general de la motivación Maslow jerarquiza cinco necesidades básicas que representan la fuerza motivadora detrás del comportamiento:

Las necesidades fisiológicas básicas: casa, comida y abrigo.
La necesidad de seguridad: sentir protección.
La necesidad de pertenencia: sentirse aceptado.
La necesidad de autoestima: sentir confianza en uno mismo.
La necesidad de superación: sentirse realizado.

Maslow explicó que la cúspide de su pirámide —la realización— no puede lograrse a menos que las otras necesidades hayan sido medianamente alcanzadas.

## La importancia de valorarnos a nosotros mismos

En 1967 Stanley Coopersmith, psicólogo y pionero de las investigaciones académicas sobre la autoestima, la definió en términos de «evaluación». Según Coopersmith, nuestra autoestima depende de cómo nos evaluamos a nosotros mismos y a nuestras características. Este juicio de valor personal lo expresamos a través de las actitudes que tenemos con nosotros mismos y con los otros. Coopersmith desarrolló una lista de posibles «señales de alerta» de baja autoestima:

Timidez excesiva.
Provocación constante.
Incapacidad para la toma de decisiones.
Anticipación del fracaso.
Renuencia a expresar opiniones.
Arrogancia.

> *De todos los juicios que hacemos a lo largo de la vida, ninguno es tan relevante como el que hacemos sobre nosotros mismos, porque este juicio es el motor de nuestra existencia.*
>
> NATHANIEL BRANDEN

¿Cómo discutir que sentirse aceptado es una de las necesidades sociales más importantes? En la década de 1960, Carl Rogers, psicólogo fundador de la corriente humanística del aprendizaje, introdujo el concepto tríptico del ser: el ideal, el percibido y el real. Rogers afirmó que la *interpretación* que hacemos cuando niños de las experiencias que nos presenta la vida determina nuestro nivel de autoestima. Según este enfoque llamado «fenomenológico», es nuestra interpretación de los hechos que nos acontecen la que determina nuestras emociones y no los hechos en sí mismos.

Rogers también hace referencia a las necesidades de la persona, desde las básicas —comida y abrigo— hasta las sociales, y considera que la necesidad social más importante es la de sentirse aceptado. Ésta es la principal fuerza socializadora que actúa sobre el comportamiento. La necesidad de ser aceptado y valorado con frecuencia se descuida en hogares, aulas y organizaciones; es más, muchas veces se ignora totalmente en pos de la llamada «disciplina» o «excelencia». Lamentablemente tendemos a señalar el comportamiento negativo de nuestros hijos, alumnos, colegas y hasta amigos, sin darnos cuenta de que al hacerlo estamos reforzando justamente el comportamiento que queremos cambiar.

Como explica el doctor David Burns, «la pregunta más importante que uno confronta en su vida es: ¿Cuál es la fuente de la autoestima genuina? [...] Los logros pueden traerle satisfacción, pero no felicidad esencial. La autoestima basada en los logros es una pseudoestima, ¡no es autoestima genuina! Mi gran cantidad de pacientes exitosos pero deprimidos son una prueba fehaciente. Tampoco puede uno afirmar su sentido de valoración en su apariencia, talento, fama o fortuna. Marilyn Monroe, y una multitud de suicidas hermosos, talentosos, famosos y ricos son testigos de esta dura verdad. Tampoco el amor, la aprobación, la amistad o una gran capacidad para establecer relaciones humanas profundas agregan nada al valor que uno se asigna... En última instancia sólo el propio sentido de valor determina cómo se siente una persona».

## El camino hacia la confianza y la autoestima

Para afianzar la confianza en nosotros mismos y elevar nuestra autoestima, es propicio:

- Observar nuestras actitudes y hábitos para cultivar sólo los que nos ayuden a construir la mejor versión de nosotros mismos.
- Cumplir las promesas.
- Hacernos responsables de nuestros actos y palabras.
- Ser coherentes.
- Reconocer nuestros logros.

La autoestima es la base de la confianza. Sin un verdadero aprecio por nosotros mismos no se puede construir una confianza duradera. Los comentarios de los seres significativos en la formación de la imagen de uno mismo son fundamentales en la construcción de nuestra autoestima, ellos inciden directamente en la valoración que hacemos de nosotros mismos.

Cuando la autoestima no es verdadera, la confianza no es genuina. Podemos presentarnos al mundo usando máscaras, pero estas posturas de aparente omnipotencia no resisten el paso del tiempo ni las presiones. Es decir, la autoestima es esa confianza que no se puede fingir, sobre todo cuando nos quedamos a solas con nosotros mismos.

Para comenzar a construir la autoestima, lo mejor es tratarnos con cariño, aceptar los retos de la vida y saber que podemos descartar aquello que no nos sirva para reemplazarlo por algo nuevo que sea bueno para nuestra vida.

# PRÁCTICAS

## I. Para reflexionar acerca de tu autoestima: ¿Te gusta quién eres?

Estas preguntas están orientadas a ayudarte a identificar las áreas en las que puedes trabajar para tener la mejor autoestima posible. Como hemos visto en el capítulo, la imagen que tenemos de nosotros mismos es la clave para tener una autoestima saludable. Por eso exploraremos a través de preguntas diferentes áreas y aspectos de la vida, para que puedas comprender mejor dónde estás en este momento y, sobre todo, para que tomes conciencia de dónde quieres y puedes estar si te lo propones.

A solas contigo mismo, pregúntate:

1. ¿Soy consciente de mis fortalezas y debilidades?

2. ¿Me pongo metas profesionales y personales que sean responsables, específicas, medibles y alcanzables?

3. Cuando tengo éxito, ¿lo atribuyo a mi accionar y lo celebro? ¿O lo atribuyo a la suerte y lo doy por sentado?

4. ¿Establezco relaciones armoniosas con las personas? En general, ¿la gente quiere estar cerca de mí?

5. ¿Desarrollo verdaderos lazos de amistad? ¿O por lo general son transacciones?

6. ¿Me expreso con creatividad? ¿O intento ser como otra persona?

7. ¿Tengo el hábito de expresar mi gratitud y reconocimiento genuinos?

8. ¿Me muestro tolerante y comprensivo? ¿O hago que otros se sientan culpables?

9. ¿Siento admiración por la gente que tiene éxito? ¿O celos y envidia?

10. ¿Puedo expresar mis necesidades y deseos y al mismo tiempo mostrar respeto por las necesidades y deseos de los otros?

11. ¿Puedo establecer límites con firmeza y con amor?

12. ¿Me siento responsable de lo que sucede en mi vida? ¿O hago responsables a los otros?

13. Generalmente, ¿tengo una actitud optimista frente a las dificultades? ¿O mi actitud suele ser pesimista?

14. Por lo general, ¿muestro signos de paz interior? ¿O es mi vida una lucha constante?

## II. Cómo aumentar la confianza y la motivación de nuestros hijos en relación con sus estudios

Ésta es una de las grandes preocupaciones de todos los padres, y una pregunta frecuente en nuestros seminarios. La confianza y la motivación de los niños respecto a sus estudios dependerán en gran medida del ambiente en el que crezcan. Si los padres son cariñosos y comprensivos y al mismo tiempo saben marcar los límites con claridad, señalando la conducta deseada en lugar de la no esperada; si se les proponen objetivos realistas y al mismo tiempo les ofrecen el apoyo necesario para alcanzarlos; si los padres fomentan en el niño un sentido de responsabilidad y al mismo tiempo lo ayudan a consolidar una imagen positiva de sí mismo, destacando sus logros y señalando con amor sus espacios de mejora, estoy segura de que ese niño tendrá ganas de aprender todo lo que sea necesario, pues confiará en que lo logrará. Más aún, sabrá que, aunque hoy no lo logre, en caso que hoy tenga un revés, que no apruebe el examen, mañana lo podrá remontar. Y sabrá, fundamentalmente, que el amor de sus padres no depende de su éxito ni de su fracaso.

Como siempre digo en nuestros seminarios, ¡díganles a sus hijos que los aman, y que su amor no depende de una nota y no se puede perder! ¡Esto sí que genera confianza!

**Actitudes para aumentar la confianza de tu hijo:**

- Trátalo como a una persona importante, pues lo es.

- Ayúdalo a sentirse bien consigo mismo, que pueda ver sus fortalezas y talentos. ¡Crea un rincón de logros desde el primer día!

- Dale más apoyo que castigos.

- Anticípale qué tipo de comportamiento esperas de él en relación con sus estudios.

- Sé consistente en tu manera de aplicar reglas, establece límites con amor.

- Dile que confías en él, así él podrá confiar en sí mismo.

- Muestra amor y aceptación: evita hacer comparaciones. Parece algo obvio, sin embargo, la experiencia muestra que no lo es.

- Concede tiempo a tu hijo: muestra interés por sus logros así como por sus desafíos y preocupaciones.

- Ayúdalo a establecer metas alcanzables y prepárate para ser testigo de su progreso.

- Ayúdalo a identificar aspectos que quiera mejorar: prepárate para darles contención.

- Expande los intereses y talentos de tu hijo dándole nuevas y enriquecedoras experiencias.

- Dale feedback sobre el progreso que veas que está realizando.

- Dile, desde el primer día, que los errores son parte del proceso de aprendizaje. ¿Qué aprendí? es siempre la pregunta después de un error.

- Y, quizá lo más importante de todo, por sobre todas las cosas: cultiva una actitud de celebración y de reconocimiento. Recuerda que aquello a lo que prestamos atención aumenta.

# 4

## EL PODER DE LAS EMOCIONES
## COACHING Y NEUROCIENCIAS

> *Cada día reconocemos, con mayor precisión, los estragos que en la salud del hombre causan los estados emocionales y singularmente esa emoción terrible de nuestro tiempo: la impaciencia, la prisa desordenada de llegar, que a todos nos agita y que aniquila tantas inteligencias y tantos corazones.*
>
> GREGORIO MARAÑÓN

Las emociones, energía y sustento de nuestro accionar no siempre han tenido buena prensa. Desde Platón en adelante, fueron consideradas como un signo de inmadurez, caóticas, difíciles de cambiar, peligrosas... En definitiva, un obstáculo para la efectividad. Sin embargo, las recientes investigaciones de la medicina, de las neurociencias y hasta de las más prestigiosas escuelas de negocios de Harvard y Yale, nos ofrecen una mirada completamente opuesta. Nos explican que las emociones son integrales al razonamiento, a la resolución de problemas, a la toma de decisiones y, sin duda alguna, son aquello que refuerza o destruye nuestra salud.

## La nueva medicina de las emociones

Un experimento científico realizado en los Estados Unidos, conocido como «Nun's Study», demuestra que expresar emociones positivas alarga la vida. Con el fin de saber más acerca del envejecimiento y de la enfermedad de Alzheimer, el doctor David Snowdown, de la Universidad de Kentucky, durante quince años llevó a cabo una investigación sobre 678 religiosas estadounidenses cuyas edades iban desde los 75 a los 103 años. Las monjas del Colegio de Notre Dame aceptaron ser evaluadas anualmente en sus funciones cognitivas y físicas, y permitieron que los investigadores analizaran sus genes, sus muestras de sangre, y hasta los ensayos autobiográficos que escribieron cuando tenían 20 años.

El estudio reveló que las monjas que tenían más habilidad lingüística —es decir, quienes habían cultivado más el hábito de leer y escribir— eran menos proclives a contraer el mal de Alzheimer. Y en relación al envejecimiento, el descubrimiento fue más asombroso aún: aquellas monjas que eran más optimistas desde su juventud resultaron ser las más longevas. Un informe publicado en el *Journal of Personality and Social Psychology* afirma que las monjas que expresaron más emociones positivas en sus autobiografías o diarios personales vivieron significativamente más —en algunos casos, diez años más— que aquellas que expresaron menos emociones positivas. «No pienses mal, no hagas el mal, no escuches el mal», escribió en su diario la hermana Esther Boor, de 106 años, quien además confiesa: «A veces me siento como si tuviera 150, pero me hice a la idea de que no iba a rendirme». El testimonio de Esther confirma que siempre tuvo una actitud optimista frente a la vida. El doctor Snowdown cree que la espiritualidad de las monjas y su trabajo en comunidad también han colaborado en su longevidad. Como asegura una de ellas: «El amor a otra gente, el cuidado, ser buenos con otras personas, es algo que todos podemos hacer».

El médico psiquiatra David Servan-Schreiber explica cómo las emociones afectan el funcionamiento de nuestro corazón. Sus investigaciones revelan que «son las emociones negativas como la cólera, la ansiedad, la tristeza e incluso las preocupaciones banales las que más hacen caer la frecuencia cardíaca, y siembran el caos en nuestra fisiología». Frustrado al ver la limitada respuesta que los psicofármacos tenían en sus pacientes con estrés, ansiedad y depresión, se volcó con resultados extraordinarios hacia lo que él llamó «la medicina de las emociones». En su libro sobre este tema presenta estudios científicos que han demostrado que las emociones que más favorecen el funcionamiento armónico del corazón son las emociones positivas como la gratitud, la alegría y, sobre todo, el amor.

> *El amor es lo único que crece cuando se reparte.*
> ANTOINE SAINT-EXUPÉRY

### El amor es una necesidad biológica

Servan-Schreiber cuenta dos casos que demuestran cómo el amor repara las funciones vitales del organismo. El primero da cuenta de lo sucedido en una unidad de neonatología de los Estados Unidos. En ese entonces se había inventado lo que se consideraba la solución milagrosa para los bebés que nacían prematuros: las incubadoras. Estos huevos transparentes emulaban las condiciones del vientre materno y corrían con la ventaja de tener las condiciones perfectas para el desarrollo de los pequeños bebés: humedad, temperatura y esterilización total. Las frágiles criaturas que nacían demasiado temprano del vientre materno eran ubicadas en estas incubadoras perfectamente esterilizadas. Sin embargo, los bebés no crecían, salvo en una unidad de neonatología en la que pasaba algo para lo cual los médicos no tenían explicación: dentro de las mismas incubadoras en las cuales los otros bebés no evolucionaban, estos bebés sí se desarrollaban fuertes y sanos.

Después de mucho analizar las condiciones médicas, se dedicaron a hacer una investigación entre el personal de esa unidad de neonatología. Finalmente dieron con lo que dejó a todos sorprendidos: la enfermera que los cuidaba por la noche era una joven con poca experiencia, que confesó que cuando los pequeños lloraban desconsolados durante la noche, a ella se le estrujaba el corazón y, a pesar de los enormes letreros de «NO TOCAR» que cada incubadora tenía, ella acariciaba sus frágiles cuerpitos hasta que dejaban de llorar. Al ver que se calmaban y que nada malo sucedía, siguió haciéndolo... y así siguió curándolos.

En la Universidad de Duke también se condujo un experimento muy revelador con ratones recién nacidos. Los dos grupos de ratones vivían en iguales condiciones ambientales, con la única diferencia de que un grupo recibía, además, contacto físico. Las células de los ratones que no lo recibían se negaban a desarrollarse. Todas. En el otro grupo, que era acariciado por un pincel húmedo que emulaba la lengua de la mamá de los ratones, se reanudaba de inmediato la producción de enzimas y el crecimiento. La conclusión a la que se arribó fue que sin contacto emocional no hay crecimiento. Es decir, sin amor, la vida es imposible.

## La inteligencia de las emociones

Hoy tenemos evidencia de que la motivación y el comportamiento obedecen mayormente a factores emocionales, y que el manejo inteligente de las emociones parece ser el mejor pronóstico de éxito en todo lo que realicemos.

Ahora bien, ¿qué son las emociones? Son respuestas innatas y biológicas a los estímulos ambientales; las emociones sanas son respuestas adecuadas a las circunstancias de la vida. Son también universales, ya que todos los seres humanos tenemos las mismas emociones básicas. Esta afirmación se basa en la investigación realizada por el doctor Paul Ekman, considerado por sus colegas como el Darwin del siglo XX, quien es el pionero en el estudio de las emociones y del lenguaje de los gestos. Ekman descubrió que en todas las culturas hay ciertas emociones básicas, manifestadas por todos de la misma manera a través de las mismas expresiones faciales. Dentro de esta categoría están la alegría (comisuras de los labios para arriba, mejillas que se elevan), tristeza (comisuras de los labios para abajo, caen los párpados superiores), enojo (mirada fija, entrecejo fruncido, tendencia a apretar los dientes), sorpresa (cejas arqueadas, la mandíbula suele caer), miedo (pupilas dilatadas, párpados superiores elevados, labios estirados hacia atrás), aversión (nariz fruncida, ojos entrecerrados). Dichos gestos son señales que les permiten a los demás saber cómo nos sentimos. Quiere decir que las emociones, desde la biología, tienen su función.

Las emociones son el gran motor de nuestro accionar: e-motion significa «energía en acción». A cada emoción le corresponde una expresión y una acción adecuada. Si considero que perdí algo o a alguien valioso para mí, sentiré tristeza y esa emoción activará mi necesidad de reparar heridas o vivir un duelo. Si logré algo que ansiaba, probablemente sentiré alegría y tendré ganas de agradecer y celebrar.

Los autores no se ponen de acuerdo de manera unánime en definir cuál es la diferencia entre emoción y sentimiento. Podríamos decir que hay algunas diferencias básicas —mientras que las emociones son biológicas, en los sentimientos interviene la interpretación— pero, a efectos de este libro, usaremos ambos términos en forma indistinta.

## La era del cerebro

La llamada «era del cerebro», surgida recientemente, en los finales del siglo XX, nos permitió acceder, gracias a nuevos métodos y tecnologías innovadoras como la tomografía axial computada (TAC), la resonancia magnética nuclear (RMN) y la tomografía de emisión de positrones (TEP), a conocimientos más precisos sobre la estructura y el funcionamiento del cerebro de los seres vivos. Antes de tener a nuestra disposición estas tecnologías, sólo podían estudiarse cerebros sin vida y, quizá por eso, se creía que las emociones no eran tan importantes como el pensamiento. Es más, se las consideraba un obstáculo para el pensamiento eficaz. Las nuevas camadas de neurocientíficos, equipados con los actuales productos tecnológicos, revelaron misterios de la mente que eran inaccesibles hasta hace poco tiempo atrás.

Hoy sabemos que dentro del cerebro hay una sofisticada red de nervios que conectan el sitio del pensamiento (los lóbulos prefrontales y la neocorteza) con el sitio de las emociones (la amígdala, que se encuentra dentro del sistema límbico, en el cerebro medio). Joseph Le Doux, el prestigioso neurocientífico del Center for Neural Science de la Universidad de Nueva York, fue el primero en descubrir el rol fundamental de la amígdala en cuestiones emocionales: es considerada uno de los más importantes depósitos de memoria emocional.

Daniel Goleman, autor del célebre libro *Inteligencia emocional*, con quien trabajé en el año 2005 en la Cumbre de Inteligencia Emocional en Holanda, cuenta el caso de un joven al que, en una operación cerebral, le extirparon la amígdala de su cerebro para controlar los ataques de epilepsia. Sus ataques fueron controlados, sus facultades mentales quedaron intactas y hasta mejoró su coeficiente intelectual, pero perdió todo interés por las personas: al perder su memoria emocional no podía reconocer ni a su propia madre. Esta condición es llamada «ceguera afectiva». Este caso muestra desde la neuroanatomía que las emociones tienen un papel fundamental en la vida.

## Las emociones son clave en la toma de decisiones

Hoy también sabemos que sin emoción no hay decisión: el neurólogo Antonio Damasio, ganador del Premio Príncipe de Asturias en Ciencias 2005, demostró que las emociones son imprescindibles para la toma de decisiones.

Uno de los casos paradigmáticos que le tocó protagonizar fue el de Elliot, un abogado de una gran corporación que fue a verlo tras haber sido sometido a una operación en su cerebro. Los médicos habían detectado que Elliot tenía un tumor justo detrás de su frente, y en una exitosa operación habían logrado extirparlo por completo. Le habían dicho que su vida ya no corría peligro. Sin embargo, empezaron a sucederle cosas extrañas y quienes lo conocían afirmaban que Elliot no era el de antes, su personalidad había cambiado por completo. Tanto se transformó, que no pudo mantener su trabajo en la empresa, ni su matrimonio de años, ni su propia casa. A pesar de tener sus facultades intelectuales tan agudas como siempre, Elliot parecía incapaz de establecer prioridades en su vida y de usar el tiempo de manera eficaz. Como estaba perdiendo todo a gran velocidad, decidió ir a ver al prestigioso neurólogo en busca de una explicación.

Al llegar a su consultorio relató lo que le había sucedido tras la extirpación del tumor. El doctor Damasio se sintió profundamente conmovido, mucho más que el propio Elliot. De hecho, Elliot parecía no estar conmovido en absoluto, contaba los hechos como si los hubiese visto en una película. El doctor Damasio empezó a sospechar que la operación no había sido tan exitosa como parecía. Notó que el brillante abogado tenía efectivamente sus facultades mentales intactas, pero que estaba completamente desconectado de sus emociones. El neurólogo tenía la firme sospecha de que los médicos habían extraído algo más que el tumor de su cabeza. En efecto, habían cortado accidentalmente las conexiones entre el cerebro emocional (donde está la amígdala) y la parte pensante de la neocorteza. Sin esta conexión entre el cerebro emocional y el racional, Elliot podía evaluar todas las alternativas posibles de una decisión, pero no podía decidirse por ninguna ya que todas las opciones le parecían neutras. El neurólogo confirmó su sospecha cuando le pidió a Elliot que le dijera cuándo quería que fuese su próxima visita al consultorio: el paciente habló de todas las fechas y horarios posibles, evaluó pros y contras de cada una, pero no pudo tomar una decisión ya que no sentía preferencia por ninguna. En opinión del doctor Damasio, ese razonamiento tan desapasionado era la raíz de todos los problemas de Elliot. Es decir, sin emociones no hay preferencias, y sin preferencias no hay decisiones.

### Cómo tomar las decisiones más importantes de nuestra vida

A la mayoría de nosotros no nos han cortado las conexiones entre la parte emocional y la racional de nuestro cerebro, sin embargo muchas veces olvidamos el papel preponderante que tienen nuestras emociones a la hora de tomar decisiones. ¿Cuántas veces intentamos, en pos de la «objetividad», desarrollar razonamientos y tomar decisiones desapasionadas? Dejar las emociones afuera de la ecuación nos puede hacer tomar decisiones pensadas pero no sentidas. La ciencia hoy demuestra que ésta no es la más inteligente de las opciones. A la hora de decidir, lo importante es tener en cuenta los datos que tenemos de la realidad y a la vez prestar atención a dos aspectos muy importantes: cómo nos sentimos con respecto a esa situación/decisión y cuál es nuestra sensación más visceral, también llamada intuición. Según Goleman, la presencia de esta impresión profunda nos da claridad y seguridad para avanzar hacia una determinada acción o renunciar a ella. «La llave que favorece la toma de decisiones es permanecer en contacto con nuestras propias emociones», asegura el divulgador científico.

Quienes hacen publicidad saben el peso que las emociones tienen en el proceso de toma de decisión de los clientes. Los especialistas en marketing saben que para vender un producto o servicio no alcanza con mostrar las ventajas del mismo (parte racional), sino que tienen que apelar a la parte emocional ya que, para poder decidirnos por la compra, la información tiene que haber entrado por los dos canales: el racional y el emocional. Además, aquello que entra por la vía de la emoción se instala en nuestra memoria de largo término. Como tan bellamente lo expresara la poeta afroamericana Maya Angelou, «las personas podrán olvidar lo que les dijimos, podrán olvidar lo que les hicimos… pero jamás olvidarán cómo las hicimos sentir». En nuestros seminarios suelo preguntar qué estaban haciendo el 11 de septiembre de 2001 para demostrar cómo aquello que entra por la emoción no se olvida. Por eso también es que las emociones son tan importantes: dejan huellas imborrables en nosotros y en los otros.

El doctor Antonio Damasio asegura que «los sentimientos desempeñan un papel fundamental para navegar a través de la incesante corriente de las decisiones personales que la vida nos obliga a tomar. Es cierto que los sentimientos muy intensos pueden crear estragos en el razonamiento, pero también lo es que la falta de conciencia de los sentimientos puede ser absolutamente desastrosa, especialmente en aquellos casos en los que tenemos que sopesar cuidadosamente decisiones de las que, en gran medida, depende nuestro futuro: la carrera que estudiaremos, la necesidad de mantener un trabajo estable o de arriesgarnos a cambiarlo por otro más interesante, con quién casarnos, dónde vivir, qué apartamento alquilar, qué casa comprar, etcétera. Éstas son decisiones que no pueden tomarse exclusivamente con la razón, sino que también requieren del concurso de las sensaciones viscerales y de la sabiduría emocional acumulada por la experiencia pasada. La lógica formal por sí sola no sirve para decidir con quién casarnos, en quién confiar o qué trabajo desempeñar porque, en esos dominios, la razón carente de sentimientos es ciega».

## Atención: las emociones son contagiosas

Hoy estamos frente a un nuevo paradigma que nos plantea la necesaria complementariedad entre emoción y cognición. Peter Salovey, decano de la Universidad de Yale y creador del constructo «inteligencia emocional», con quien también trabajé en la Cumbre Mundial de Inteligencia Emocional en Holanda, dice que una persona con inteligencia emocional es alguien que percibe la emoción en sí misma y en los otros, usa la emoción para facilitar el pensamiento y la acción, comprende la información emocional y regula las emociones para promover el entendimiento y el crecimiento.

Según el Harvard Business Review, la inteligencia emocional es dos veces más importante que las destrezas técnicas o el coeficiente intelectual para determinar el desempeño de la alta gerencia. Por su parte, Daniel Goleman asegura que las personas son contratadas por sus habilidades técnicas y despedidas por su falta de habilidades emocionales.

Aquí aparece la dimensión social de las emociones: no sólo se trata de percibir, comprender y regular nuestras emociones, sino las de los demás. Y podemos hacerlo pues nuestro cerebro está diseñado para ser regulado no sólo internamente sino externamente: es el llamado «circuito abierto del sistema límbico», un circuito cerebral que está preparado para emitir nuestras emociones y captar las de quienes nos rodean. ¡Por eso las emociones se contagian! Y la más contagiosa es la alegría y su expresión más estridente: la risa. ¿Será por eso que se dice que la risa es la distancia más corta entre dos personas?

Este circuito abierto de nuestro cerebro, como explican los autores de *El líder resonante crea más*, «está tan integrado en nuestro funcionamiento que opera de manera inconsciente. La investigación científica realizada a este respecto monitoreando respuestas fisiológicas como el ritmo cardíaco, por ejemplo, de dos personas que se hallan inmersas en una conversación cordial ha puesto de relieve la existencia de este tipo de sincronización emocional. Al comienzo de una determinada interacción, los ritmos corporales de los implicados son diferentes, pero al cabo de unos quince minutos, acaban sincronizándose, un fenómeno que ha sido denominado *mirroring*», o contagio emocional.

## El contagio emocional: la comunicación entre las amígdalas

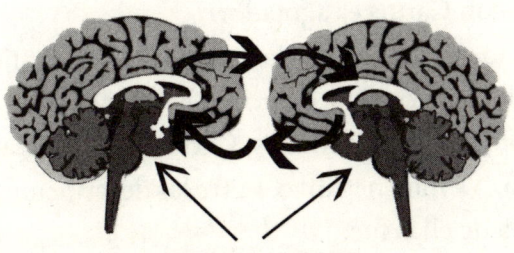

**CIRCUITO ABIERTO**

**CENTRO DE LAS EMOCIONES**

McKee, Boyatzis y Goleman presentan investigaciones con datos aún más sorprendentes acerca de este fenómeno de contagio emocional. Aseguran que sucede tanto en circunstancias agradables como en las conflictivas, que es inevitable y que ocurre aun cuando nadie diga ni una sola palabra. Por ejemplo, en una oficina, las personas que trabajan juntas captan y comparten inevitablemente los sentimientos y estados de ánimo —positivos o negativos— de quienes los rodean. A mayor unión en el grupo, mayor contagio emocional se produce. Quienes más contagian a los demás son las personas emocionalmente más expresivas y los líderes, aun cuando, como dijimos, no digan ni una sola palabra.

«¿En serio las emociones se contagian irremediablemente? ¿Y ahora yo qué hago? ¡Tengo un jefe que es terriblemente malhumorado!», me dijo alguien en uno de nuestros seminarios, cuando explicamos el fenómeno del contagio emocional. Esta información que viene de la mano de la neurología no es para alarmarnos y alejarnos de las personas, sino para tomar conciencia de que nosotros podemos contagiar emociones positivas a los demás.

Matías era uno de mis clientes de *coaching* ejecutivo. Como CEO de su propia empresa, tenía muchos viajes de negocios. Acababa de volver de uno especialmente importante para él, para el cual habíamos estado trabajando juntos. Recuerdo que se fue lleno de entusiasmo. A su regreso, se contactó conmigo y me dijo:

—Me fue muy bien en el viaje, cerramos buenos negocios, pero terminé extenuado... Realmente estoy muy cansado... Es que convivir varios días con Carlos es agotador.

Carlos, su mano derecha en la empresa, era diez años mayor que él y tenía mucha experiencia; de hecho había sido uno de los fundadores junto con el padre de Matías. Carlos era muy trabajador, muy comprometido... y muy negativo. Entre las descripciones que Matías hacía de él, una de ellas fue:

—Su actitud es muy negativa, su visión del futuro es siempre pesimista y se frustra tanto frente a las dificultades que me mata estar con él varios días... Yo, que soy naturalmente optimista y positivo, cuando estoy con él me torno bastante negativo también y no sé cómo evitarlo... Por más que intento no engancharme con su negatividad, no puedo.

Le expliqué entonces que esto no se trataba de una cuestión de voluntad: no podía evitar contagiarse de la negatividad de Carlos con sólo proponérselo, pues era a nivel cerebral lo que estaba ocurriendo. Trabajamos sobre el contagio emocional y quedó sorprendido al conocer este fenómeno.

—¿Entonces yo tengo que trabajar más sobre mis emociones para contagiárselas a él? —me comentó de inmediato.

—Exacto —le respondí.

Así pusimos en marcha una nueva estrategia: preparar a Matías para que él pudiera transmitirle emociones positivas a Carlos. Trabajó en redoblar su alegría y entusiasmo. Al conocer que la persona que más contagia es quien más expresa sus emociones, buscó maneras de expresar esa alegría y entusiasmo renovados. Los resultados fueron extraordinarios, y fue tal su sorpresa con el descubrimiento, que decidió enseñarle sobre el contagio emocional a Carlos. Además le dijo:

—Mi *coach* también me enseñó que la actitud negativa tiene un impacto muy fuerte sobre nuestro rendimiento: nos anula la creatividad, no nos ayuda en los negocios. De hecho nos puede hacer perder dinero... ¡Y encima afecta nuestra salud!

Vemos entonces cuán importante es trabajar sobre nuestras emociones para poder contagiarlas positivamente a los demás. Tomamos conciencia de cómo nos sentimos antes de ir a una reunión, antes de dar una clase, antes de hablar con nuestro equipo de trabajo, antes de sentarnos a la mesa con nuestra familia, sabiendo que vamos a contagiar a los demás nuestra emoción.

## «Llora todo lo que quieras»: el peligro de reprimir las emociones

¿Qué les decimos a los niños pequeños cuando se lastiman? «Ya está, ya pasó, ya no duele más...» ¿Qué sucede cuando, casi instintivamente, le decimos lo mismo a alguien que está sintiendo las mal llamadas «emociones negativas», como el enojo, la tristeza, la angustia? «No te pongas mal, no te enojes, no te preocupes...» ¿Quién no ha sido *consolado* por alguien que nos ha dicho «no llores más»?

Sin saberlo y buscando el efecto contrario, le estamos haciendo un gran daño a la persona al invitarla a que encierre sus emociones en su cuerpo y negándole la posibilidad de que las exprese. Estas emociones encapsuladas pueden convertirse en estados de ánimo negativos que son mucho más difíciles de entender que las emociones en sí mismas. También pueden llegar a enfermarnos.

La doctora Candece Pert, neurobióloga experta en bioquímica del cerebro, postulada al Premio Nobel de Medicina, en una entrevista que le realizara Odile Rodríguez de la Fuente, explica que las emociones reprimidas son perjudiciales para la salud, pues las emociones rigen todos los sistemas del organismo. «Las válvulas del corazón, los esfínteres del aparato digestivo que se abren y cierran, la propia digestión, todo está regido por las moléculas de la emoción, que tienen una acción física. Si reprimimos la expresión de las emociones, también reprimimos nuestras funciones orgánicas, lo que a la larga produce enfermedades o malestar, ya que se trata de una parte intrínseca del funcionamiento de nuestro cuerpo. Por tanto, al no liberarla de forma natural, esa energía se acumula y repercute sobre el estado físico... Se produce un atasco y las cosas no funcionan. Es un bloqueo físico provocado por un bloqueo energético.»

Cuando le preguntaron cómo podemos aprender a liberarlas y a tener una relación más saludable con ellas, Pert respondió que «este aprendizaje empieza en la infancia, que debemos enseñar a nuestros hijos a aceptar y comprender sus diferentes emociones. De este modo se sienten cómodos con ellas y, cuando se hacen mayores, las utilizan de otro modo, como indicadores, en lugar de guardárselas. Se preguntan: "¿por qué me siento así? Esta emoción me debe estar indicando algo". Creo que es importante aprenderlo desde la infancia, y también que exista una cultura que lo permita».

> *Conocer el amor de los que amamos es el fuego que alimenta la vida.*
> PABLO NERUDA

## ¿PARA QUÉ SIRVE CADA EMOCIÓN?

Las emociones pueden ser nuestra brújula y guiarnos para tomar decisiones adecuadas, que conjuguen lo racional con lo emocional. Cuando las emociones juegan a nuestro favor, no sólo colaboran para que tomemos las mejores decisiones, sino también nos conducen a las mejores acciones. Así, la emoción de la tristeza nos invita a la quietud, al reposo. La emoción del enojo puede estimularnos a tener una conversación necesaria. La emoción de la alegría nos impulsa a la celebración.

Dijimos que las emociones son respuestas naturales al acontecer de la vida... ¿Y esas respuestas son siempre sanas? No. Las emociones dejan de ser sanas cuando se apoderan de nosotros: cuando las magnificamos y también cuando las ignoramos; es decir, cuando no las escuchamos. También cuando falta el compromiso con la acción, las emociones pueden transformarse en estados de ánimo negativos: así la tristeza puede transformarse en pesimismo, el enojo en resentimiento, la alegría en estoicismo, el aburrimiento en apatía.

Todas las emociones que sentimos vienen a nuestra vida con un propósito específico. Como dijimos anteriormente, emoción («e-motion») significa energía en movimiento. Cada una de las emociones, tanto las negativas como las positivas, nos inducen a una acción concreta. Cuando respondemos a este impulso, recibimos un beneficio. Asimismo, como explica el destacado médico psiquiatra David Viscott, cuando no respondemos a esa acción concreta a la que nos llama cada emoción, pagamos un costo que va creando una deuda emocional en nuestro interior.

«El pesar nos envejece prematuramente. Cuando estás en deuda emocional, eres pesimista con respecto al futuro, y aun en tus años de plenitud ansías volver al pasado para remediar las carencias de amor y oportunidad que sufriste. A veces ansías más atención, pasar más tiempo con alguien que ya no está, tener la oportunidad de hablar francamente y desprenderte de tu carga emocional», asegura Viscott.

Como explica Fred Kofman en *Metamanagement*, todas las emociones surgen del eje placer-dolor y no hay emociones buenas o malas. Solemos categorizarlas como positivas o negativas porque los seres humanos, como él explica, tenemos un natural apego hacia el placer y sentimos rechazo por el dolor. Sin embargo, las emociones surgidas del dolor —como el enojo, la tristeza, el miedo, la culpa y el aburrimiento— también nos aportan un mensaje importante y nos indican un curso de acción específico. Además, al desconectarnos de las emociones que provienen del dolor, simultáneamente nos desconectamos de las emociones que provienen del placer, pues ambas actúan juntas, en un solo bloque: al cerrarnos o alejarnos de emociones que nos causan dolor, también nos estamos negando a vivir las emociones placenteras con intensidad.

Analizaremos ahora, como lo hace Kofman, algunas de las emociones básicas con las que solemos convivir todos los días, para comprender cuándo y por qué surge esa emoción, a qué acción concreta me está invitando, qué beneficio recibo cuando realizo esa acción y qué costo pago al no hacerla.

**La alegría: el tiempo de la celebración**

¿Qué es la alegría? Es la emoción que sentimos cuando nos sucede algo positivo, cuando ocurre algo que esperábamos o cuando sabemos que algo bueno vendrá para nosotros.

¿A qué acción nos invita? La alegría nos invita a la celebración. En nuestra experiencia profesional, muchas veces nos hemos encontrado con equipos que, después de lograr algo muy buscado y sentir alegría por ello, no se daban el espacio para celebrar. Tal vez creemos que no hace falta detenerse a celebrar cuando ocurre algo bueno, porque pensamos que es una pérdida de tiempo, o porque ya estamos mirando la próxima meta a alcanzar. Sin embargo, el momento de celebración es tan importante como el de conseguir metas. Celebrar no implica necesariamente hacer una gran fiesta ni dedicar muchos recursos. Se puede celebrar de maneras muy simples.

¿Cuál es el beneficio de responder a la alegría? Al celebrar aumentamos nuestro nivel de disfrute, y también aumenta nuestra motivación para proponernos nuevas metas. La celebración estimula y une a los equipos.

¿Cuál es el costo de no responder? Cuando no nos permitimos celebrar, podemos volvernos estoicos o insensibles y empezar a vivir nuestras experiencias con menos intensidad. Y si somos parte de un equipo de trabajo, la falta de celebración puede traer desmotivación generalizada.

## La tristeza: una señal para cerrar heridas

¿Qué es la tristeza? Nos sentimos tristes cuando sucede algo malo, cuando perdemos algo que valoramos o a alguien que queremos.

¿A qué acción nos invita? La tristeza surge en nuestra vida para recordarnos que es momento de cerrar una herida, de hacer un duelo. La tristeza nos guía incluso físicamente, para atravesar el dolor, pues esta emoción genera una disminución de nuestra energía y hace más lento nuestro metabolismo. Nos da un mensaje bien concreto: «Éste no es momento de redoblar los esfuerzos, de trabajar más duro, o de buscar cosas para mantenernos desconectados de lo que sentimos». Con frecuencia, por ese rechazo instintivo que tenemos al dolor, cuando vemos a alguien triste le decimos: «No te pongas triste, ya pasó». Esto es muy peligroso.

¿Cuál es el beneficio de responder a la tristeza? Cuando nos permitimos el espacio para el duelo, para la quietud, para el reposo, para estar tristes y cerrar heridas, podemos aceptar y asumir la pérdida de ese objeto, situación o ser querido y, de a poco —dependiendo de la magnitud de la pérdida—, podemos ir recuperando nuestra paz interior. Esto, además, nos da mucha confianza a futuro, pues sabemos que nuestro equilibrio no depende de que todo lo que valoramos permanezca con nosotros para siempre. Confiamos en nuestra capacidad para asumir pérdidas y cerrar heridas.

¿Cuál es el costo de no responder? Cuando evitamos conectarnos con la tristeza, por miedo a sentir el dolor, reprimimos nuestro amor ya que, como explica Kofman, la tristeza es la expresión del amor frente a una pérdida. Al cerrar nuestro corazón para no sentir tristeza, empezamos a cerrarnos a todas las demás emociones y podemos volvernos estoicos: no sentir intensa alegría ni intensa tristeza frente a nada… Y esto puede ser, incluso, un camino hacia la depresión.

### El miedo: una emoción que nos invita a prepararnos

¿Qué es el miedo? Es la emoción que sentimos cuando pensamos que algo malo nos puede suceder, cuando anticipamos que podemos perder algo o a alguien que apreciamos o cuando pensamos que no podremos obtener algo deseado. El miedo puede ser real o imaginario, tal como lo dijimos en el capítulo de los miedos. Cuando funciona como una emoción sana, nos invita a prepararnos. Por ejemplo, puede surgir al tener que presentarnos para una entrevista de trabajo, ya que seremos sometidos a un examen; o cuando nuestros hijos adolescentes empiezan a salir de noche.

¿A qué acción nos invita? El miedo nos invita a prepararnos, a usar nuestra energía para proteger aquello que valoramos o que queremos lograr. Nos impulsa a cuidar lo que queremos, a tomar precauciones.

¿Cuál es el beneficio por responder? Imagínate que tienes que ir a esa entrevista de trabajo que tanto has deseado. El miedo que puedes sentir es una indicación para que te prepares de la mejor manera posible, que organices tu CV con esmero, que imagines las posibles preguntas que te harán, que elijas con cuidado la ropa que usarás, que visualices la entrevista tal como quieres que suceda. El miedo está presente sólo para indicarte que te prepares para ese momento que tanto esperabas. Si se trata del miedo que sienten los padres ante las salidas nocturnas de sus hijos, esto puede ser el motor para tener una excelente conversación con ellos, establecer normas y pautas consensuadas, destinadas a proteger la vida. Recordemos que el miedo que ha sido atendido reduce las posibilidades de que lo temido suceda.

¿Cuál es el costo por no responder? Si tenemos miedo de que algo se pierda o se dañe y no lo escuchamos, es decir, si no nos preparamos, seguramente caeremos en un estado de ansiedad o parálisis. En lugar de usar el miedo como guía, dejamos que el miedo se apodere de nosotros. El no responder al miedo nos deja indefensos, con un sentimiento de impotencia y de víctimas de lo que sucede. Como dijimos varias veces a lo largo del libro, recordemos que si bien no podemos cambiar las circunstancias —por ejemplo que exista la inseguridad en la calle—, siempre podemos responder a ello —tomar medidas precautorias: hablar con nuestro hijo acerca de los peligros y modos de cuidarse—, y definitivamente, esto impactará en el resultado.

### El entusiasmo: el impulso hacia los objetivos

¿Qué es el entusiasmo? Nos sentimos entusiasmados cuando anticipamos que algo bueno nos va a suceder. Por ejemplo, si anticipamos que podemos conseguir ese puesto que tanto deseamos. Entonces, cuando nos mandan el mail confirmando la entrevista de trabajo, aunque todavía no sabemos cuál será el resultado ni podemos afirmar que seremos seleccionados, igualmente ya nos sentimos entusiasmados porque vislumbramos la posibilidad de que así suceda.

¿A qué acción nos invita? El entusiasmo precisamente nos llena de fuerza para que nos esmeremos para alcanzar ese objetivo que tanto deseamos, por ejemplo, conseguir que alguien experimentado nos dé algunos consejos para ir mejor preparados a la entrevista o para hacer una investigación sobre el área de trabajo de la empresa que nos ha citado.

¿Cuál es el beneficio por responder? Al esforzarnos nos ponemos en una posición muy buena para alcanzar nuestros objetivos, lo cual nos da tranquilidad de conciencia al saber que hicimos todo lo posible para que sucediera lo que buscábamos.

¿Cuál es el costo por no responder? Si estamos sintiendo entusiasmo y no respondemos con acciones concretas, es posible que comencemos a sentirnos ansiosos o con una sensación de descontrol, que nos hará sentirnos a merced de los avatares de la vida, sobre los cuales no tenemos injerencia alguna. La falta de respuesta puede hacer que nos apeguemos a un resultado sobre el que no tenemos control.

## El aburrimiento: el puntapié para la innovación

¿Qué es el aburrimiento? Nos sentimos aburridos cuando lo que está sucediendo no nos interesa, cuando no nos parece valioso o cuando no encontramos la forma de participar. El aburrimiento es el sentimiento que nos invade cuando nos falta diversión o motivación.

¿A qué acción nos invita? El aburrimiento es la indicación de que tenemos que hacer algo nuevo, buscar alternativas. Si por ejemplo me estoy levantando todas las mañanas y siento esa sensación de apatía, de desinterés, quizá sea hora de darme un tiempo para aprender algo nuevo: un deporte, tocar un instrumento, un idioma, etcétera. Es el momento de traer algo diferente a mi vida.

¿Cuál es el beneficio por responder? Cuando buscamos hacer algo para modificar ese sentimiento de insatisfacción, podemos recuperar algo tan preciado como el interés por la vida.

¿Cuál es el costo por no responder? Si no respondemos, podemos caer en estados de ánimo negativos como el hastío y la apatía, y hasta sentir una profunda desconexión con la vida.

## La culpa: un llamado al perdón

¿Qué es la culpa? Sentimos culpa cuando creemos haber traspasado un propio límite, cuando hicimos algo que pensamos que está mal o que va en contra de nuestros valores. Nos sentimos culpables cuando faltamos a nuestras propias promesas, un tema que hemos tratado en el capítulo sobre la confianza.

¿A qué acción nos invita? La culpa viene a nuestra vida para avisarnos que es hora de pedir disculpas. Puede que nos lleve a pedir perdón a otros, en el caso de haber afectado a terceros, o a nosotros mismos. Dis-culpa: ¡disuelve la culpa! Es importante recordar que para que una disculpa sea efectiva necesita, además del pedido de perdón, una acción reparatoria. Es decir, no alcanza con sólo decir: «Perdón, no fue mi intención». Una disculpa efectiva y completa consiste en expresar: «Perdón, no fue mi intención... ¿Cómo puedo repararlo?» Si me siento culpable porque me había prometido empezar a ir al gimnasio y no lo hice, puedo perdonarme y establecer un nuevo compromiso conmigo mismo.

¿Cuál es el beneficio de responder? Pedir perdón y perdonarse a uno mismo ayuda a cerrar la herida causada por el límite que aun, sin querer, transgredimos. Ya hablamos sobre la importancia de la coherencia. Pedir perdón y perdonarse a uno mismo es una manera de recuperar la integridad, de volver a la coherencia entre nuestras promesas y nuestros actos. Además, la capacidad de pedir disculpas nos ayuda a ganar confianza, al disminuir nuestro miedo a cometer errores, pues sabemos que, aun si nos equivocamos, tenemos maneras de reparar el posible daño que causemos...

¿Cuál es el costo de no responder? Cuando no tomamos acción al sentir culpa, podemos caer en el estado de ánimo de remordimiento y también desarrollar una actitud pesimista hacia nosotros mismos.

## El enojo: una invitación a restaurar límites vulnerados

¿Qué es el enojo? Es una emoción que surge cuando creemos que sucedió algo que no debería haber sucedido o cuando alguien hizo algo que no tendría que haber hecho, transgrediendo límites importantes para uno.

¿A qué acción nos invita? El enojo puede invitarnos principalmente a tres acciones: reclamar, aceptar y/o perdonar. Si sentimos enojo porque alguien traspasó un límite significativo para nosotros, ese enojo nos está invitando a hacer un reclamo. El reclamo es una forma de pedir una reparación frente al daño causado y también de generar aprendizajes para que no vuelva a suceder. El enojo puede estar invitándonos a tener una conversación difícil pero importante con alguien. Y aquí debemos aclarar que reclamar no es reprochar. La diferencia está en la intención: el reclamo busca que se repare algo dañado, el reproche busca que la otra persona se sienta culpable de lo que hizo. «¿Cómo hago para hacerle un reclamo a alguien que ya no está?», me preguntó una vez una participante de nuestros cursos, haciendo alusión a un familiar fallecido con el que tenía un enojo no expresado. En esas situaciones, el enojo nos está invitando a trabajar la aceptación y el perdón.

¿Cuál es el beneficio de responder? Son muchos los beneficios. Al hacer un reclamo, uno muestra respeto por uno mismo, por sus valores y sus límites. Por eso reclamar es una manera de construir nuestra autoestima. A su vez, al hacer un reclamo podemos abrir la posibilidad de que se repare lo dañado y evitar que eso que nos enojó se repita en el futuro. Y aunque ninguna de estas dos cosas suceda, tendremos la tranquilidad de saber que hemos hecho todo lo posible por respetar nuestros valores, prioridades y límites. Una vez más, esto construye nuestra confianza. La aceptación y el perdón también ayudan a cerrar heridas y a evitar una deuda emocional interna.

¿Cuál es el costo de no responder al enojo? El enojo no expresado puede derivar en resentimiento, rencor y en una pérdida de confianza, pues empezamos a tenerle miedo a las situaciones en las que alguien traspasa un límite importante para nosotros, ya que no sabemos cómo manejar este tipo de situaciones. Así podemos reaccionar de manera negativa ante cualquier dificultad que surja, alternando entre explotar de ira (hiriendo a otros) o, de manera sumisa, guardando todo el enojo en nuestro interior (dañando nuestra autoestima y nuestra salud).

> *Cualquiera puede enfadarse, eso es algo muy sencillo. Pero enojarse con la persona adecuada, en el grado exacto, en el momento oportuno, con el propósito justo y del modo correcto, eso, ciertamente, no resulta tan sencillo.*
>
> ARISTÓTELES

## La gratitud: la necesidad de ser agradecidos

¿Qué es la gratitud? «La gratitud no es sólo la mayor de las virtudes, sino la madre de todas las demás», dijo Cicerón. La gratitud es cultivar la actitud de estar atento a las pequeñas cosas buenas que pueden pasar desapercibidas para nosotros. Es no dar nada ni a nadie por sentado. Como decimos en nuestra película *Confianza Total*, reconocer a todas las personas que hacen algo por ti es notar los detalles, pues se dice que en ellos está Dios. Sentimos gratitud, una sensación de elevación, cuando alguien hizo algo bueno por nosotros, especialmente cuando supera un poco nuestras expectativas.

¿A qué acción nos invita la gratitud? La gratitud invita al agradecimiento, al reconocimiento. En palabras de Meister Eckhart: «Si la única plegaria que dices en tu vida es gracias, será suficiente».

¿Cuál es el costo por no responder? Cuando no agradecemos lo que recibimos de los otros, es probable que nos quedemos con una sensación de deuda pendiente y, paradójicamente, sentir cierto resentimiento hacia esa persona. A su vez, cuando no nos detenemos a agradecer o reconocer a otros, generamos en ellos cierto resentimiento hacia nosotros.

¿Cuál es el beneficio de responder? El agradecimiento produce un cambio energético casi instantáneo en nosotros, por eso en nuestros seminarios sugerimos la práctica de llevar adelante un diario de gratitud. Es impresionante lo que ocurre en las personas: empiezan a valorar todo lo bueno que tienen a su alrededor, y hasta de manera menos consciente comienzan a buscar en su día a día los motivos para estar agradecidas. La gratitud es una emoción que puede hacernos pasar del paradigma del miedo al paradigma del amor en cuestión de segundos.

## ¿Cómo funcionan las emociones en nuestro cerebro?

En condiciones normales, nuestro cerebro está preparado para recibir estímulos externos a través de los sentidos. Estos estímulos son recibidos por el tálamo —la estación de distribución nerviosa—, algo así como «el secretario» del cerebro, que lleva la información por dos vías principales: una vía, la más larga, va a la parte pensante del cerebro; y la otra, la más corta, va a la parte emocional. El camino hacia la parte pensante es más largo que el camino hacia la parte emocional.

Como mencionamos anteriormente, dentro de la parte emocional está la amígdala, esa pequeña estructura con forma de almendra alojada en la parte media del cerebro. «No hace mucho tiempo que la ciencia ha descubierto el papel esencial desempeñado por la amígdala cuando los sentimientos impulsivos desbordan la razón. Una de las funciones de la amígdala consiste en escudriñar las percepciones en busca de alguna clase de amenaza. De este modo, la amígdala se convierte en un importante vigía de la vida mental, una especie de *centinela psicológico que afronta toda situación*, toda percepción, considerando una sola cuestión, la más primitiva de todas: «¿Es algo que odio? ¿Que me pueda herir? ¿A lo que temo?», asegura Goleman.

Si el estímulo es vivido como una amenaza, la amígdala dispara una alarma. Entonces el cerebro cierra todos sus circuitos neuronales no necesarios para la supervivencia. ¿Por qué? Porque este sistema de alarma es lo que nos permite tener una reacción rápida y eficaz frente al peligro. Por ejemplo, si de pronto un perro ataca a nuestro pequeño hijo, necesitamos de esa alarma para concentrar toda la energía en el reflejo de huir o luchar. En ese momento no podemos pensar, necesitamos actuar rápido para hacer frente al peligro.

Joseph LeDoux, uno de los científicos más importantes de la neurobiología del miedo, afirma que, desde el punto de vista de la supervivencia, es mejor responder a eventos potencialmente peligrosos como si fuesen reales, que no tener la capacidad de responder. Hasta aquí las emociones siguen siendo nuestras aliadas… ¿Pero qué sucede cuando la amígdala enciende la alarma y no está el feroz perro atacando a nuestro niño? ¿Por qué puede dispararse la señal de peligro aun frente a algo que no es tan terrible?

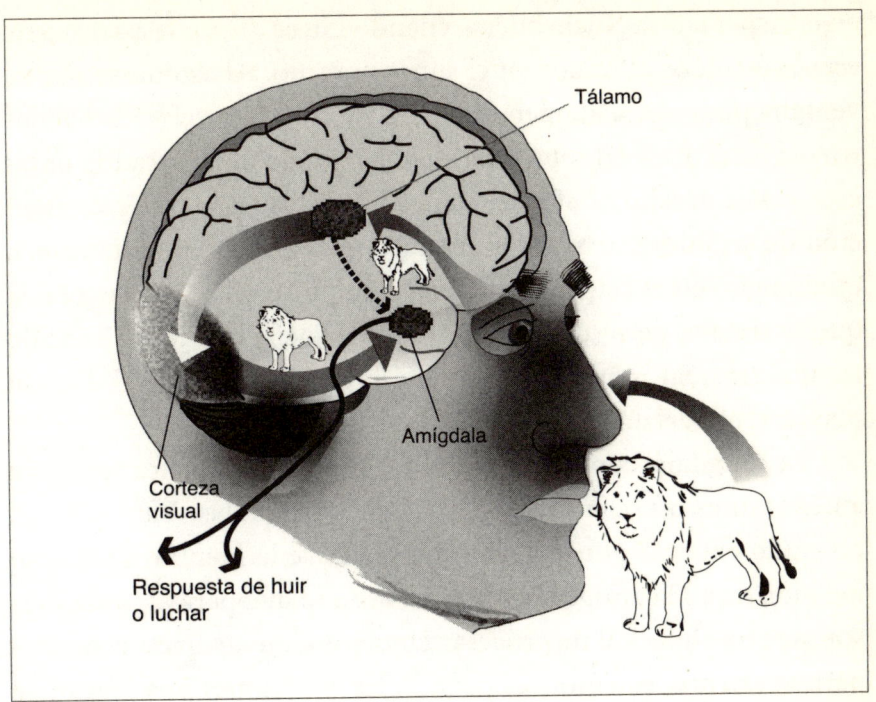

## El secuestro emocional: ser rehenes de nuestras propias emociones

Lin era dueño de un supermercado. Él y su familia se habían dedicado gran parte de su vida a hacerlo crecer. Tenían un cariño especial por ese lugar, que por otra parte estaba justo detrás de su casa. Desafortunadamente, en el último tiempo habían sido víctimas de varios robos y la policía parecía no prestar demasiada atención a sus reclamos. Lin se decidió a reforzar las medidas de seguridad por su cuenta: puso un sistema de alarma nuevo, cambió las rejas e instaló cámaras de seguridad. La noche del 23 de diciembre, en la víspera de la Nochebuena, cuando Lin se disponía a acostarse, escuchó ruidos extraños en el supermercado. Al asomarse por su ventana pudo ver a alguien moviéndose con gran velocidad adentro del local. Casi en ropa interior y corriendo desesperado por las escaleras, Lin salió a defender su negocio. Abrió la puerta y, en fracción de segundos, disparó a quemarropa contra el delincuente, a quien mató en el acto. Movido por el impulso no se dio cuenta de que se trataba de su querido hermano y socio, que había entrado tarde a reforzar mercadería para lo que estimaba sería el día con mayor venta del año.

La amígdala, como dijimos, vigila los estímulos para ver si son amenazantes o no, en base a experiencias pasadas. Entonces, un estímulo externo puede hacer que se active la memoria emocional alojada en la amígdala y, aun frente a lo que para algunas personas sería algo fácil de procesar emocionalmente, para otras dispara la alarma. Es entonces cuando las emociones nos juegan en contra y nos impulsan a reaccionar de un modo del cual luego, casi invariablemente, nos arrepentimos. En fracciones de segundos, las emociones nos invaden, se adueñan de nosotros, nos toman de rehén.

Goleman llama a estas situaciones, en las que se nos dispara la alarma aun frente a algo que no amenaza nuestra vida, «secuestro emocional». En esos momentos dejamos de pensar, se nos dilatan las pupilas, el corazón nos galopa en el pecho, aparece el sudor en nuestras manos, el rostro se nos pone pálido de miedo o rojo de furia, la sangre fluye a los músculos de nuestras extremidades y segregamos dosis masivas de adrenalina y noradrenalina. En cuestión de segundos todo nuestro organismo se ha preparado para salir corriendo o dar batalla… En esas circunstancias no podemos pensar. En ese instante somos rehenes de nuestras emociones, que gritan a viva voz: ¡peligro!

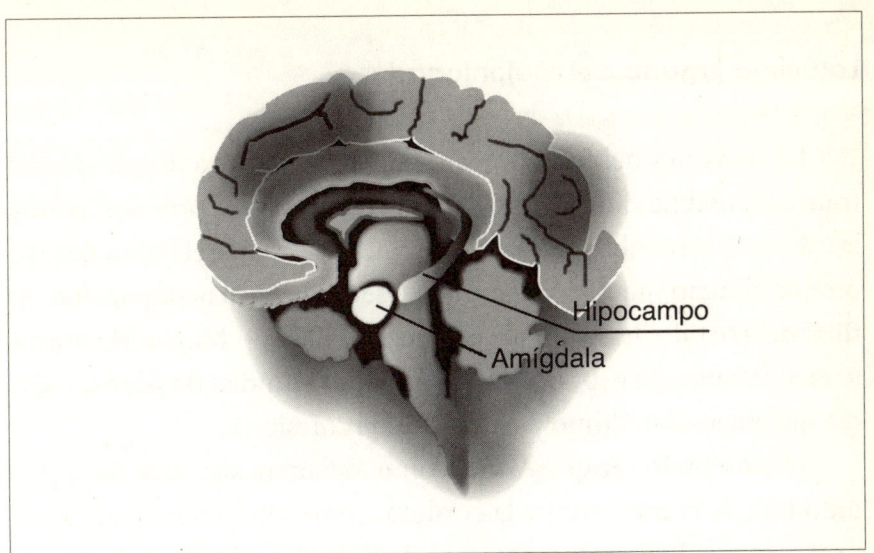

Normalmente, cuando entra un estímulo a través de nuestros sentidos, la información pasa al tálamo, una región primitiva del cerebro, donde se traduce neurológicamente, y la mayor parte de ella va después a la corteza cerebral, donde funciona nuestra parte lógica y racional. Es la corteza quien se encarga de tomar la decisión ante el estímulo sensorial. Sin embargo, no toda la información sigue en forma directa del tálamo a la corteza. Una parte más pequeña de la información pasa directo del tálamo al centro emocional, lo que permite que tomemos una decisión instantánea e instintiva antes de que nuestra parte racional logre procesar la información. Esta relación instantánea y automática entre el tálamo y los centros emocionales es la que origina el «secuestro emocional» o «estallido emocional», y el resultado es que actuamos antes de pensar, a veces para beneficio nuestro y otras para perjuicio.

## La última jugada del mejor jugador

Los amantes del fútbol recordarán aquel partido donde el astro francés Zinedine Zidane, uno de los jugadores más correctos, perdió la cabeza. Ese hombre que estaba a punto de ganarse el Balón de Oro, premio al mejor jugador del mundo, ese día hizo su peor papelón. Al final del partido, le aplicó un cabezazo al italiano Marco Materazzi, lo cual le causó su expulsión en la final del Mundial de Alemania, el día que jugaba su último partido como profesional.

¿Cómo pudo ser que Zizou, como lo llaman sus fans, haya perdido toda la compostura y la cordura, cometiendo semejante agresión contra el italiano? La reacción de Zidane no se adecuaba ni a su personalidad, ni a sus costumbres y, mucho menos, a ese momento. ¿Qué pudo haberlo sacado de sus casillas para que embistiera como un toro al italiano?

El desconcierto del mundo entero, que estaba mirando la final, fue tan grande como el del propio Zidane. Ni él mismo podía entender ese gesto que le arrebató la gloria de su último partido. Tardó unos días en dar una explicación, y finamente dijo, con su acostumbrada mesura, que el italiano lo había insultado con palabras muy duras. Y no dijo más: decidió no revelar la frase de la ofensa. Sólo expresó que eran cosas muy personales, referidas a la madre y a la hermana…

«Lo escuchas una vez, e intentas irte. Es lo que hago, porque yo en realidad me voy. Lo escuchas dos veces, y luego la tercera vez…» Y la tercera fue la vencida: perdió el control. No pudo pensar, sólo pudo reaccionar. La emoción le ganó a la razón. A la provocación violenta respondió con un golpe violento. Al mejor del partido, el peor castigo: lo expulsaron de la cancha.

Zizou respondió violentamente tras un «secuestro emocional». Ante la tercera provocación, el jugador francés explotó. La amígdala, el centinela emocional del cerebro, disparó la alarma, indicó a todos los circuitos neuronales la información de peligro y amenaza grave... y el cabezazo fue irrefrenable.

Aunque Zidane públicamente no se haya declarado arrepentido, seguramente hubiera preferido hacer otra cosa, ¡pues ese cabezazo le costó muy caro! En el día destinado a su consagración, Zizou fue expulsado, salió de la cancha, cabizbajo, solo y vencido. No pudo mirar a su público ni despedirse, ni ser parte de la gran ovación que merecía.

Nuestro cerebro es supersensible y, si percibe una amenaza, reacciona para protegernos. Es la respuesta de supervivencia que puede tomar tres formas: huir, luchar o paralizar. Dependiendo de cada persona, hay muchas situaciones que pueden hacer que la amígdala se ponga en alerta y dé inicio a un secuestro emocional. En resumidas cuentas, cualquier situación en la que otra persona quiera —consciente o inconscientemente— controlarme, puede hacer que yo entre en secuestro emocional. Desde conductas que me hagan avergonzarme o sentirme humillado y/o desacreditado, hasta cosas más sutiles como una mirada de desaprobación, una opinión expresada como verdad o un pedido hecho en forma de orden pueden ser interpretados como una amenaza por nuestra amígdala. La amígdala también es un reservorio de memoria emocional, con lo cual dependiendo de las experiencias pasadas de cada persona, habrá diferentes estímulos que puedan desencadenar el fenómeno del secuestro emocional. Por ejemplo, si una persona se ha sentido muy juzgada por sus seres significativos en la infancia, tenderá a percibir comentarios sobre su persona que no sean claramente positivos como descalificadores y esto puede llegar a desencadenar un secuestro emocional.

### Escuchar y desactivar las alarmas

¿Qué pasa cuando sentimos o intuimos que estamos ante el umbral de esos momentos donde el otro o uno mismo podemos estallar? ¿Cómo reaccionamos frente a aquello que aparentemente se impone como un instante de riesgo? Para entender mejor de qué estamos hablando, detengámonos un poco más en ese pequeño, pero importantísimo, lugar de nuestro cerebro llamado «amígdala». ¿Qué situaciones pueden ser percibidas como amenazantes por la amígdala? Veamos algunas posibles circunstancias y detonantes:

- Casi toda interacción donde una persona está intentando «querer controlar» a la otra.

- «Querer controlar» a otra persona se podría traducir en cualquier conducta, gesto, palabra que van desde dar órdenes hasta mirar con desaprobación a alguien, avergonzar, humillar, culpar, juzgar, desacreditar, denigrar.

- «Yo quiero tener la razón», entonces tú estás equivocado. Procuro que te sientas menos, para fortalecer mi posición.

Es el momento en el cual la otra persona puede reaccionar en «modo supervivencia», y la situación, agravarse. Seamos conscientes de que, cuando le hablamos de manera agresiva a alguien, podemos hacer que se dispare la alarma de su amígdala, que quizá tenga alojado en su memoria emocional a un padre violento que gritaba y amenazaba a esa persona en su infancia. Cuando miramos con desaprobación a alguien, podemos activarle recuerdos dolorosos relacionados con su baja autoestima. Cuando destacamos enfáticamente un error que alguien ha cometido, podemos activar la alarma del recuerdo de una escolaridad traumática. Cuando usamos gritos y palabras amenazantes, aun bien intencionadamente para «estimular» a nuestros alumnos, colaboradores, hijos, ¡tengamos cuidado! Podemos estar activando la alarma que produce un secuestro emocional sin darnos cuenta.

Paradójicamente, en muchos casos, nuestras buenas intenciones derivan en malos resultados. Ahora pueden comprender por qué, antes de tener este tipo de conocimiento acerca del funcionamiento del cerebro, usar el miedo era considerado una buena estrategia para disciplinar, alinear, estimular, educar.

### Adueñarnos de nuestras emociones en 6 segundos

¿Qué hacer con nosotros mismos cuando estamos por caer bajo el efecto de un secuestro emocional? ¿Cómo mantener la calma cuando se desconecta la computadora justo cuando estábamos por terminar un trabajo? ¿Cómo refrenar el estallido cuando el conductor de al lado nos encierra obligándonos a una maniobra brusca? ¿Cómo hacer para que la emoción no le gane a la razón cuando alguien ofende a uno de nuestros seres queridos?

El ciclo de la emoción violenta-respuesta violenta tarda 6 segundos en desactivarse. Entonces, apenas siento una emoción violenta o muy negativa, hay varias cosas que puedo hacer para no responder impulsivamente.

En primer lugar, puedo preguntarme qué siento en ese momento. Al buscar la respuesta a esta pregunta, necesariamente conectamos la parte pensante del cerebro y, al hacerlo, ya hemos interrumpido el «secuestro emocional». Puedo buscar ponerle un nombre a la emoción. Puedo usar un recurso muy útil que siempre tenemos al alcance nuestro: la respiración. Inhalo y exhalo... Cuando inhalamos, imaginemos que respiramos una emoción que nos haga sentir bien, surgida del amor: calma, paz, tranquilidad. Y cuando exhalamos, pensemos que liberamos emociones que provienen del miedo: ansiedad, celos, angustia. Si estoy triste, puedo inhalar alegría; si estoy cansada, puedo inhalar entusiasmo; si me siento insegura, puedo inhalar confianza. Con este sencillo ejercicio comprobaremos qué rápido podemos cambiar nuestras emociones, y qué sencillo puede ser impedir que ellas se adueñen de nosotros.

En esos 6 segundos podemos hacer varias cosas más. La sabiduría popular habla de «contar hasta 10». Entonces, antes de mandar ese correo electrónico cargado de enojo, de pegar un grito, de golpear la puerta con furia, de insultar a alguien, de lastimar verbal y emocionalmente a un ser querido, hagamos «la pausa de los seis segundos».

Mi colega Joshua Freeman, de la organización Six Seconds, explica que si queremos crear una pausa, podemos intentar usar la parte analítica de nuestro cerebro —el córtex— durante 6 segundos. El córtex trabaja con el lenguaje, los números y otros pensamientos complejos. Para lograr una pausa efectiva, hay que hacer que el córtex se concentre en una de las tareas que impliquen usar el pensamiento. De este modo, la emoción violenta ya no puede ganarle a la razón, y así rompemos el círculo vicioso de emoción violenta-reacción violenta.

Otras estrategias mentales que recomienda la organización Six Seconds para cuando las emociones violentas intentan tomarnos de rehén son: pensar en 6 capitales del mundo, nombrar 6 tipos de plantas, contar hasta 6 en un idioma que estemos aprendiendo… Lo más importante es detenernos. Detenernos, pensar y elegir.

1. Detenernos. Si una persona te está increpando, dile de hablar en otro momento. La violencia genera violencia; por eso, si puedes, detente. Respira hondo varias veces.

2. Pensar. Para volver a recuperar tu equilibrio, piensa en alguna otra cosa; por ejemplo, algo por lo que puedas sentir gratitud. Puede estar incluso relacionada con la persona que ocasionó el secuestro emocional o con otra. La gratitud nos restaura y nos devuelve la paz.

3. Elegir. ¿Qué sería lo mejor para resolver esta situación? ¿Qué pensamientos pueden ayudarte? ¿Qué palabras pueden abrirte caminos? ¿Qué acciones pueden encaminarte a hallar una solución? Elige aquello que te serene.

Ver lo bueno en el otro

Una de mis estrategias preferidas es la de identificar 6 cosas buenas de la otra persona. Éste es un desafío mental, un esfuerzo consciente que me gusta poner en práctica para armonizar cualquier situación de tensión con otros. Frente a un cliente que viene cargado de emociones negativas, puedo pensar: «Qué lindos zapatos tiene, qué brillante es su pelo, qué elegante es su manera de caminar...» ¿Es fácil?

Ni fácil ni difícil, es un desafío y requiere de práctica para volverse natural y espontáneo. Hace poco fui con mi equipo a una reunión de trabajo a una empresa de renombre. Al llegar, la persona que nos recibió, que ya nos conocía pues nos habíamos reunido en otras oportunidades, tenía una cara poco amistosa. Desde el inicio de la reunión, todo lo que decía venía cargado de negatividad. Mis primeros pensamientos fueron: «¿Qué le pasa? ¿Cómo vamos a tener una reunión de trabajo con este clima? No hay derecho a hacerme venir para recibirme con esta actitud. ¡Estamos perdiendo el tiempo!»

Cuando pude tomar conciencia de mis pensamientos y de cómo me estaban haciendo sentir cada vez peor, usé la técnica de «buscar y ver lo bueno en el otro». Empecé a observar a esta persona rastreando algo bueno en ella... ¡Y lo encontré! Tenía un nuevo corte de pelo que realmente le quedaba muy bien. «Disculpa que cambie de tema... ¡Me encanta tu nuevo corte de pelo!», exclamé en el medio de la reunión. En ese caso, la transformación fue inmediata: la cara poco amistosa desapareció y en su lugar vi su sonrisa por primera vez desde que entramos a la sala de reunión. Su tono de voz cambió y su predisposición fue otra.

Algo que siempre digo y remarco es que esto de «buscar y ver lo bueno en el otro» no es una técnica pensada para manipular a los demás. Si nuestro comentario no es verdadero, si es una mentira, por más «pequeña» o «piadosa» que sea —ya hablamos de la ineficacia del recurso de las mentiras—, no sirve. Esto sólo funciona cuando hacemos un esfuerzo genuino por encontrar algo bueno en la otra persona. Y muchas veces ni siquiera hace falta verbalizarlo, pues aquello que pensamos transciende las palabras. Aun sin hablar, lo transmitimos. Si aquello que identificamos como «bueno» no es genuino y es sólo un artilugio para llegar al otro, no vale. Y además es peligroso.

> *Hoy seré dueño de mis emociones.*
> *Si me siento deprimido, cantaré.*
> *Si me siento triste, reiré.*
> *Si me siento enfermo, redoblaré mi trabajo.*
> *Si siento miedo, me lanzaré adelante.*
>
> OG MANDINO

## Cómo cambiar los estados de ánimo negativos

Empecemos por establecer la diferencia entre una emoción y un estado de ánimo. La emoción es la resultante de una causa concreta: nació mi hija, estoy feliz. El estado de ánimo no está relacionado con el acontecer de algo específico: me siento angustiada y no puedo especificar el porqué.

Fred Kofman usa una metáfora muy clara: dice que las emociones son como un río que fluye y cambia según lo que va sucediendo en la vida; es agua en movimiento que se transforma, se evapora, se convierte en nubes. En cambio el estado de ánimo es como el agua que se encuentra detenida en un estanque: se pudre porque no tiene salida. Cuando algo nos sucede —por ejemplo, tu socio llega tarde a casi todas las reuniones—, puedes sentir enojo, una emoción que te invita a tener una conversación donde puedas realizar un reclamo efectivo. Si no lo haces y prefieres embotellar tu enojo, es muy probable que se convierta en resentimiento.

Como puede observarse en el siguiente cuadro, los principales estados de ánimo negativos derivan de emociones no tenidas en cuenta, reprimidas o mal encausadas:

| Estados de ánimo negativos | Origen |
|---|---|
| Pesimismo<br>Melancolía<br>Depresión | Tristeza no atendida |
| Ansiedad<br>Angustia<br>Desesperanza | Miedo no atendido |
| Resentimiento<br>Rencor<br>Desprecio<br>Iracundia | Enojo no atendido |
| Remordimiento | Culpa no atendida |
| Desinterés, apatía, desconexión | Aburrimiento no atendido |

Para modificar los estados de ánimo es necesario detectar primero la raíz emocional que subyace bajo la emoción no expresada. En segundo lugar, es importante poder descubrir el bloqueo emocional. Puede estar relacionado con un momento traumático de la vida o con formas aprendidas en la cultura familiar. Algunas preguntas para ayudar a producir el desbloqueo pueden ser: ¿Desde cuándo te sientes así? ¿Cómo se vivía esta emoción en tu familia? ¿Qué haces o no haces para permanecer en este estado de ánimo? ¿Qué beneficios obtienes al estar así? ¿Qué costos pagas al permanecer así? En tercer lugar, una vez que la emoción que subyace debajo del estado de ánimo es desbloqueada, es fundamental ponerse en acción. Los estados de ánimo negativos son, por lo general, el resultado de una falta de compromiso con la acción y de usar el pensamiento de forma distorsionada.

**El caso de Pablo**

Este diálogo fue el inicio del trabajo de *coaching* que Florencia hizo con Pablo, un joven de 28 años, que llegó a nosotros diciendo que hacía más de 10 años que se sentía cansado, desconectado de la vida...

—¿Cómo te sientes la mayor parte de tu tiempo? —empezó por preguntar Florencia.

—Cansado, nada me interesa demasiado... —fue la respuesta desganada de Pablo.

—¿Te sientes como aburrido?

—Sí, mi vida hace rato que es un aburrimiento.

—¿Hace cuánto que estás aburrido?

—Qué sé yo... Hace mucho tiempo...

—¿Puedes recordar qué fue lo último que hiciste que te generó entusiasmo?

—En el colegio, hicimos un viaje de fin de año a la Antártida y yo fui el de la idea —contestó Pablo después de pensar unos instantes.

—¿Y después qué pasó?

—Y nada... lo que me pasa es que nada me interesa demasiado.

—Pablo, ¿recuerdas cómo se vivía el aburrimiento en tu familia?

—¡Como algo normal! Mi familia siempre fue aburrida... Mi padre tiene mucho poder y dinero, pero la diversión no está bien vista en casa. La austeridad fue y es la norma. Cualquier cosa entretenida es una pérdida de tiempo para él... Hasta los deportes. El viaje de egresados fue una excepción. Yo me motivé mucho porque fui uno de los organizadores. Pero estoy hablando de algo que pasó hace varios años... ¿Esto tiene algo que ver con lo que me pasa hoy?

Florencia fue trabajando, en sucesivos encuentros con Pablo, para producir el desbloqueo de esa emoción. Cuando le preguntó qué beneficios obtenía al permanecer aburrido, al principio Pablo no entendió la pregunta y repreguntó:

—¿Beneficios? ¡Ninguno!

Pero luego fue comprendiendo que, gracias a su inacción, por ejemplo obtenía el beneficio de la comodidad, de no tener que exponerse a algo nuevo, de enfrentarse con lo desconocido. Pablo se reconoció como alguien «cómodo»; entre otras cuestiones, hacía unos cuantos años que estaba trabajando en la empresa de su padre. No le gustaba demasiado pero reconoció que estaba cómodo ahí. Entonces Florencia le comentó que lo cómodo, si es demasiado prolongado, termina siendo incómodo.

Hablaron de cómo los seres humanos necesitamos de los desafíos para crecer, de cuánto necesitamos el estímulo para usar bien el cerebro, de que necesitamos atravesar retos para aumentar nuestra confianza... Lo invitó a recordar cómo se había sentido aquella vez que había organizado ese viaje de egresados, que estuvo casi totalmente a su cargo. Entonces él empezó a conectarse con ese sentimiento de entusiasmo y de orgullo que sintió a lo largo de aquel proyecto...

Después de esa observación, Florencia le preguntó:

—Pablo, ¿cómo te gustaría sentirte en lugar de aburrido o desinteresado?

—Como en aquel momento, cuando era el líder de ese proyecto —dijo él—. Recuerdo que todo me interesaba... Me despertaba todos los días con ganas, con entusiasmo y ponía mucha dedicación en cada detalle, algo que ahora jamás hago… Claro, es que eso realmente me interesaba.

—¿Y qué otras cosas te despiertan interés? —le preguntó Florencia.

—Bueno, algo que me encanta son los animales. Las pocas veces que me entretengo es cuando miro documentales de animales o cuando leo sobre ellos…

—¿Alguna vez pensaste en hacer algo relacionado con los animales? —siguió animándolo Florencia.

—Sí, de chico decía que quería ser veterinario…

Juntos siguieron explorando sus intereses, hasta que Pablo concluyó diciendo:

—Me doy cuenta de que mi pasión son los animales. Tal vez mi padre tenga razón, sería más seguro trabajar con él en su empresa, pero eso no me entusiasma. Los animales me encantan, así que voy a averiguar más sobre veterinaria, quizá sea hora de decidirme por empezar la carrera con la que soñaba de chico.

Pablo salió del encuentro con un brillo en los ojos que hacía varios años no tenía…

## La inteligencia de nuestras emociones

El gran desafío que encierran nuestras emociones es poder captar todo aquello que nos transmiten. Ante ellas, resulta muy útil preguntarnos no sólo cómo me siento, sino qué me está enseñando eso que siento, para actuar de acuerdo con la invitación que nos ofrece cada una. También pueden volverse nuestras enemigas cuando las magnificamos o, por el contrario, cuando las ignoramos.

Las emociones, que durante siglos fueron sinónimo de confusión y malestar, hoy son reconocidas por su altísimo impacto en nuestra vida. La ciencia ha comprobado que el amor es una necesidad biológica que todos tenemos, que expresar emociones positivas puede extender nuestra vida y que tenemos el cerebro diseñado para contagiar nuestras emociones a quienes nos rodean.

Pero a veces las emociones nos toman por asalto y nos conducen a caer en secuestros emocionales. Cuando eso ocurre, si nos detenemos aunque sólo sea 6 segundos, podemos frenar a tiempo el estallido.

Las emociones son, en esencia, el puente entre nuestra mente y nuestro cuerpo, las responsables de nuestra salud. Son integrales al razonamiento y a la resolución de problemas, son un sistema refinado de guía para la acción y un elemento clave en la toma de decisiones. Al escucharlas y usarlas adecuadamente, lograremos adueñarnos de ellas para vivir mejor.

## PRÁCTICAS

### I. LOS CINCO PASOS DE FRED KOFMAN PARA TRABAJAR MIS EMOCIONES

- PASO 1: AUTOCONCIENCIA
  Ser testigo de mí y de mi emoción.
  ¿Qué siento?

- PASO 2: AUTOACEPTACIÓN
  Aceptar sin juzgar la emoción.
  Acepto lo que siento.

- PASO 3: AUTORREGULACIÓN
  Controlar los impulsos, demorar la satisfacción.
  Pausa, respiro, elijo.

- PASO 4: AUTOANÁLISIS
  Observo mis pensamientos y palabras.
  ¿Cuál es la historia que me cuento detrás de la emoción? ¿Cuáles son los hechos?

- PASO 5: EXPRESIÓN
  Expresar.
  ¿Cómo puedo expresar lo que me pasa con integridad, de acuerdo con mis valores y con efectividad?

## II. Los cinco pasos para ayudar a trabajar las emociones de los otros

☒ PASO 1: RECONOCER (empatía)
¿Qué siente el otro? Descubrir lo que siente el otro usando la empatía y la observación. Evitar las conclusiones apresuradas, la lectura de la mente (creer saber lo que el otro piensa o siente).

☒ PASO 2: ACEPTAR (compasión)
Acepto lo que siente la otra persona sin juzgar ni contradecir lo que siente. Usar la compasión. Evitar decir «No estés triste», «No te pongas mal».

☒ PASO 3: INFLUIR (contención y regulación)
Crear un clima de influencia que propicie la apertura, con resonancia empática. Ayudo a que el otro pueda regular sus emociones y se sienta contenido. Que haga una pausa, que respire, etcétera.

☒ PASO 4: INDAGAR (racionalidad)
Formular preguntas para entender de dónde proviene la emoción. Ayudo a que el otro vea la racionalidad de sus pensamientos ¿Cuál es la historia que te cuentas detrás de la que vive tu emoción?

☒ PASO 5: ESCUCHAR
Estar presente para poder escuchar las respuestas a las preguntas, con la intención de descubrir las necesidades e intereses del otro, a fin de guiar el accionar hacia buen puerto. ¿Qué necesitas para sentirte satisfecho?

## III. El diario de gratitud

Te invitamos a inaugurar un cuaderno muy especial en el que diariamente registres al menos 5 motivos o sucesos para estar agradecido. También puedes detallar si tu sentimiento de gratitud está dirigido a alguna persona en especial. Copia en la primera hoja este poema y, cada vez que te dispongas a dejar por escrito tus gratitudes, léelo para motivarte a hacerlo:

*Hay personas que nos hacen sentir valiosos, respetados.*
*Personas que recuerdan todo lo que hacemos bien.*
*Personas que nos dan su amor libre de imposiciones.*
*Personas que cantan nuestra canción cuando hemos olvidado la letra.*
*Personas que nos quieren cuando ya no nos queremos más.*
*Personas que nos perdonan, aun cuando nosotros no nos perdonamos.*
*Personas que creen en nosotros, mucho más de lo que nosotros creemos...*
*¿Quiénes son esas personas en tu vida?*

# 5

# EL PODER DE LOS PENSAMIENTOS
## USAR LA MENTE PARA CREAR LO QUE QUEREMOS

> *Cuida tus pensamientos, se convierten en palabras.*
> *Cuida tus palabras, se convierten en acciones.*
> *Cuida tus acciones, se convierten en costumbres.*
> *Cuida tus costumbres, se convierten en tu destino.*
> ANTIGUO PROVERBIO

Tenemos una mente brillante y muy poderosa, pero la mayor parte del tiempo, lamentablemente, no sabemos usarla. Como vimos en el capítulo anterior, muchos de nuestros estados de ánimo negativos surgen por la falta de compromiso con la acción a la que la emoción nos convoca, y también debido a la distorsión de nuestros pensamientos. Una de las formas más eficientes de erosionar la confianza en nosotros mismos es darle crédito a nuestros propios pensamientos negativos, que a su vez originan o refuerzan sentimientos negativos, por lo que se crea un círculo de retroalimentación negativo.

El doctor David Burns, reconocido psicólogo cognitivo, habla del ciclo letárgico donde se entrelazan los pensamientos autodestructivos, junto con las emociones y las acciones autodestructivas. Si pienso que no sirvo para nada, me sentiré desmotivado y triste, y realizaré acciones tales como no ir al trabajo o no hacer nada que me haga bien. Si me siento aburrida y no me pongo en campaña para salir de ese sentimiento, puedo comenzar a pensar que no tengo energía, que no soy creativa, y a realizar acciones que acompañen este ciclo: me quedo en casa y no hago nada por cambiar. Si como inadecuadamente, es posible que me sienta culpable por no cuidar mi cuerpo, y que esto haga que tenga pensamientos negativos: «Nunca voy a cambiar» o «Estoy horrible». Vemos entonces que los pensamientos, las emociones y las acciones están interconectados.

## TENEMOS UNA MENTE PODEROSA, ¡APRENDAMOS A USARLA!

¿Sabías que el número de neuronas que tenemos es similar a las estrellas que hay en la Vía Láctea? ¡Cien mil millones de neuronas y cien trillones de conexiones en paralelo! Imagínate cuántos pensamientos podemos producir por día... ¡Más de 50.000 pensamientos diarios! Sorprendente, ¿verdad? Pero eso no es todo: el 80 por ciento son acerca de nosotros mismos... ¡y la mayoría son negativos!

Tras estos datos, evitemos entrar en pánico, porque al tomar conciencia de semejante información podremos producir modificaciones: al igual que un río que fluye, si nos adueñamos de nuestros pensamientos, aprenderemos a fluir con nuestras emociones. Un antiguo proverbio chino dice que no podemos evitar que los pájaros de la tristeza vuelen sobre nosotros, pero podemos evitar que hagan un nido en nuestra cabeza. Entonces invirtamos los porcentajes y propongámonos que el 80 por ciento de nuestros pensamientos sean positivos y sólo el 20 por ciento negativos...

Este cambio de perspectiva es muy alentador y nos permite vivir mucho mejor, apreciando lo que ya tenemos y centrándonos en lo bueno, en lo que queremos, en lo que deseamos. Así nos sentiremos creativos, fluirán las ideas, abundarán los proyectos. Es la llamada «Cultura de la Abundancia», un concepto muy interesante, que va más allá de tener dinero o de los éxitos circunstanciales. Abundancia que puede comprender bienes materiales, pero no sólo eso, sino también abundancia de ideas, de amistades, de proyectos, de días alegres. Es un concepto ligado a la convicción de que el universo es infinito y, como tal, nuestras posibilidades también lo son. En cambio, si permitimos que las aves negras hagan un nido en nuestra cabeza, si dejamos que nuestros pensamientos autodestructivos y distorsionados se adueñen de nosotros, viviremos en la llamada «Cultura del Déficit», con pensamientos de escasez y pobreza. Y aquello en lo que nos centramos... ¡crece!

> *El mayor descubrimiento de esta generación es que los seres humanos pueden cambiar su vida modificando sus actitudes mentales.*
>
> Albert Schweitzer

## Cómo adueñarnos de nuestros pensamientos

La respuesta es muy sencilla: observándolos, aprendiendo a aquietar la mente, y a limpiarla, como cuando limpiamos el filtro de la piscina o del aire acondicionado. Para que nuestra mente, esa herramienta poderosa, funcione bien, es necesario aprender a dominarla como a un caballo de carrera.

¿Cómo hacerlo? Despertando al testigo de mis pensamientos, que *mira sin juzgar* tanto lo que pienso como lo que siento, sin permitir que el miedo se apodere de mí. Observo para detener o desechar mis pensamientos extremistas, de todo o nada; mis generalizaciones de siempre o nunca; mi tendencia al tremendismo o la exageración ante un obstáculo. Observo si estoy descalificando algo positivo o si estoy enfocada en el pequeño detalle que no salió de acuerdo con mi plan, en lugar de mirar todo lo bueno que sí sucedió. Estoy atenta a la trampa de creer que sé lo que el otro está pensando o a la tendencia de estar leyendo en la mente del otro algo negativo acerca de mí. Presto atención a las muchas veces que digo: «debo, debería, tengo que», en lugar de decir: «quiero, puedo, elijo». Percibo cuando comienzo a juzgar duramente a los demás o a mí misma, poniendo etiquetas, buscando culpables o sintiéndome víctima de todo lo que sucede...

Estos pensamientos negativos son uno de los motivos de mayor sufrimiento y conflicto emocional. Nos ofrecen una visión oscura de nosotros mismos y del mundo que nos rodea. ¡Todos son producto del miedo! Y el amor me indica otro camino, me dice que, al observar estos pensamientos, puedo detenerlos y desecharlos. Algunas simples preguntas pueden guiarnos a desechar pensamientos nocivos:

- ¿Este pensamiento surge del paradigma del miedo o del amor?
- ¿Me sirve o no me sirve?
- ¿Abre puertas o las cierra?
- ¿Me hace sentir bien o mal?

## Los pensamientos nos hacen trampa: las distorsiones cognitivas

Sí, nos hacen trampas en las que solemos caer muy a menudo sin darnos cuenta. Los psicólogos cognitivos las llaman «distorsiones cognitivas». La psicología cognitiva se basa en la idea de que los patrones de pensamiento afectan las emociones y la conducta. Albert Ellis fue el primero en enumerar las principales distorsiones, que luego fueron ampliadas por Aaron Beck y David Burns.

Ya señalamos que las emociones son respuestas sanas a las circunstancias de la vida. También dijimos que hay momentos donde las emociones dejan de ser sanas: cuando no las escuchamos y se convierten en estados de ánimo negativos, y también cuando las magnificamos. ¿Cómo lo hacemos? A través de nuestros pensamientos, que nos hacen creer que todo lo que suponemos es real. Este tipo de especulaciones tiñen nuestra realidad e impactan en nuestra vida a través de resultados que, en verdad, estábamos muy lejos de desear.

En el siguiente cuadro pueden observarse las correspondencias que existen entre los pensamientos obturadores que se instalan en nuestra mente —verbalizados a veces a través de frases típicas, que todos solemos repetir casi inconscientemente— y el sentido que los sustenta. Ofrecemos, además, para facilitar la comprensión y una posible salida, algunas expresiones con las cuales sustituirlos:

| Trampa/Distorsión | Significado | Expresión distorsionada | Expresión posible |
|---|---|---|---|
| **IRRESPONSABILIDAD** Descargar en otro | Para regular las emociones hay que hacerse cargo de lo que se siente, sin culpar a personas o circunstancias. | Tus palabras me hacen enojar. | Me siento enojado cuando me interrumpes. |
| **PERSONALIZAR** Asumir responsabilidades indebidas | La madre de la culpa. Asumir la responsabilidad de algo negativo sin fundamentos. | Por mi culpa ella no está trabajando mejor. Es mi responsabilidad que ella progrese. Debo ser una mala madre. | Ella es responsable de sus resultados. Mi rol es acompañarla y estimular su autonomía para el crecimiento. |
| **CONFUSIÓN** Sentimientos por pensamientos | Uso incorrecto del verbo sentir. Se produce al decir «siento…» en vez de «pienso». ¡Y los pensamientos son más fáciles de cambiar que las emociones! | Siento que lo que estoy diciendo no les interesa… Siento que no me escuchan. | Pienso que este tema no les interesa, me siento preocupado. Pienso que no me escuchan, me siento frustrado. |
| **PENSAMIENTOS TODO O NADA** Extremismo | Evaluación de circunstancias en términos extremos, «blanco o negro». | ¡No aprobé el examen! ¡Fracaso total! | Esta vez no aprobé el examen… He aprobado otros, así que buscaré una nueva oportunidad. |

| | | | |
|---|---|---|---|
| **GENERALIZACIÓN EXCESIVA** <br> Sobregeneralización | Predisposición a dar por sentado que, si algo desagradable sucede, ocurrirá siempre. | *Nunca voy a conseguir pareja. Nadie querrá salir conmigo. Me quedaré solo toda la vida…* | *Ella me dijo que hoy no puede, en unos días vuelvo a invitarla… Tal vez cambie de parecer… o invito a otra.* |
| **FILTRO MENTAL** <br> Sesgo | Predisposición a elegir un detalle negativo, concentrándose en él. Como una gota de tinta china en un vaso de agua, todo se vuelve negativo. | *La fiesta que organicé estuvo bien, pero las tortas llegaron tarde y eso arruinó todo.* | *¡La fiesta que organicé estuvo estupenda! Las tortas llegaron tarde, pero fue sólo un detalle.* |
| **MAGNIFICACIÓN Y MINIMIZACIÓN** <br> Tremendismo | Exagerar los propios temores y problemas, sobredimensionando la situación y minimizando las cualidades propias. Sesgar la situación. | *¡He cometido un error! ¡No lo puedo creer! ¡Mi reputación está arruinada!* | *Asumo que me equivoqué. Sé que tengo la capacidad de hacer las correcciones para minimizar las consecuencias.* |
| **DESCALIFICAR LO POSITIVO** <br> La alquimia al revés | Tendencia a no tomar en cuenta lo bueno, transformándolo en negativo. Incapacidad de apreciar lo bueno que sucede o lo valioso que los otros ven en él/ella. | *Me dijeron que hice un gran trabajo, pero no me lo creo, seguro que me lo dicen para quedar bien y nada más…* | *¡Muchas gracias! ¿Qué fue lo que más te gustó?* |
| **CONCLUSIONES APRESURADAS** <br> Falsas percepciones extrasensoriales | Lectura del pensamiento (tendencia a conocer lo que el otro piensa o puede llegar a pensar) o profecía negativa (creer saber lo que sucederá). | *No me volvió a llamar, seguro que está enojado conmigo. Me va a ir mal.* | *Es posible que tenga otras prioridades, lo llamaré nuevamente la semana que viene. Ya mismo me pongo a trabajar para que todo salga bien.* |
| **RAZONAMIENTO EMOCIONAL** <br> Falsas certezas | Tendencia a tomar las propias emociones como evidencia para fundamentar las opiniones. | *Me da mucho miedo volar en avión, volar es peligroso.* | *Volar me da miedo, sin embargo no hay evidencias de que sea más peligroso viajar en coche, además así, llego más rápido.* |
| **ENUNCIACIONES «DEBERÍA»** <br> Filosofía del deber ser | Tendencia a pensar en términos de obligaciones, en lugar de posibilidades. | *No debería ser tan desorganizado… Debería tener mejor manejo del tiempo y hacer más ejercicio.* | *Quiero comenzar a organizar mi agenda. Puedo separar dos horas por semana para ir al gimnasio.* |
| **ROTULAR** <br> Etiquetas | Encasillarse y encasillarlas a los demás, limitando posibilidades de mejora. | *Soy un desastre.* | *Hoy jugué mal.* |

## Cómo impactan los pensamientos en nuestra salud

Nuestro cerebro responde de inmediato ante los estímulos emocionales. Hoy sabemos científicamente que cada uno de nuestros pensamientos produce la descarga de una sustancia química que influye en cómo nos sentimos. En palabras más precisas: los pensamientos hacen que secretemos sustancias químicas llamadas neuropéptidos, que dejan su huella en nuestra fisiología de forma instantánea.

Hay sustancias químicas para cada estado emocional. Son las endorfinas, la serotonina, la dopamina, la adrenalina y el cortisol, entre otras. Y cada vez que tenemos un pensamiento, nuestro hipotálamo, la farmacia del cerebro, libera inmediatamente ese neuropéptido (sustancia química) al torrente sanguíneo. Teniendo en cuenta que cada célula de nuestro cuerpo tiene miles de receptores abiertos a tales neuropéptidos, eso explica por qué los pensamientos y las emociones afectan nuestro cuerpo. Por eso, si pienso bien, me siento bien. Si pienso mal, me siento mal.

La ya citada neurobióloga doctora Candace Pert explica: «La mayoría de los psicólogos tratan la mente como separada del cuerpo, un fenómeno con apenas conexión con el cuerpo físico. Inversamente, los médicos tratan al cuerpo como desvinculado de la mente y las emociones. Pero el cuerpo y la mente no están separados y no podemos tratar ni entender a uno sin el otro. Investigaciones científicas están demostrando que el cuerpo puede y debe ser curado a través de la mente, y la mente puede y debe ser curada a través del cuerpo». Existe algo que ella llama «la inteligencia del cuerpo y de la mente», que es un sistema que puede mantenernos sanos y libres de enfermedades.

La doctora Pert asegura que «lo que pensamos tiene una enorme influencia sobre nuestra salud. La mente, las ideas y las emociones afectan a nuestras moléculas, a nuestra salud física, mucho más de lo que se creía». Explica que los neuropéptidos, que ella llama las moléculas de la emoción, viajan por el cuerpo y encajan en los receptores de las células, tal como una llave encajaría en su cerradura. De esta forma los pensamientos y las emociones controlan cada sistema de nuestro cuerpo, incluyendo el sistema inmunitario.

En la membrana de cada una de las células blancas que defienden al cuerpo de todos los ataques de virus, bacterias, parásitos, y hasta el cáncer —es decir, de toda enfermedad— hay un punto concreto de carga que recibe los neuropéptidos. Esto quiere decir que cargar a nuestras células blancas de negatividad —por ejemplo, a través de nuestros pensamientos distorsionados— sería algo así como anularlas o matarlas.

Los aportes de Pert son de gran valor para la psiconeuroinmunología, una nueva rama de la medicina que está revolucionando la manera de entender la salud y la enfermedad. La psiconeuroinmunología implica la comunicación entre mente y cuerpo y la importancia de los pensamientos y emociones entre esas dos partes, habitualmente tratadas por separado. Sin embargo, esto no siempre fue entendido así. Pert afirma: «Durante mucho tiempo, el concepto de medicina psicosomática no se tomó muy en serio, y hasta se lo ridiculizó...»

*Tu mente será como tus pensamientos habituales, pues el alma se tiñe del color de tus pensamientos.*

MARCO AURELIO

## Sin amor la vida es imposible

Como todos los casos de este libro, el de Yolanda es un testimonio real. A diferencia de todos los demás, éste es el único que conserva la identidad de la persona, pues ella nos dio la expresa autorización para publicarlo con su nombre y apellido. ¡Gracias, Yolanda!

La conocí hace tiempo, durante un curso que ella hizo conmigo en España, un año y medio antes de que se pusiera a practicar con su arco y se sintiera preparada para competir, lo que la llevó a ganar primero en la categoría de mujeres y luego en la de hombres, ante el asombro de todos. Tras varios meses de no comunicarnos, un día recibí el primer correo electrónico de Yolanda Navarro, donde me contaba que le habían diagnosticado un cáncer en los huesos. Me decía, además, en ese mensaje: «Te escribo para contarte que ahora entiendo para qué necesité aprender sobre el amor y la confianza».

Desde su primera comunicación supe que Yolanda se convertiría en una de mis grandes maestras. Y así fue. De ella aprendí y aprendo que la vida es un desafío constante. Que, según sus propias palabras, lo más importante es el afán de cada día; que de todos los aprendizajes ninguno es más valioso que aprender de uno mismo, de las propias fortalezas, miedos y debilidades. Los desafíos hacen que nuestra confianza crezca pues nos mueven por fuera de nuestra zona conocida, de nuestro lugar cómodo y seguro. Yolanda lo sabe bien: ella entrena su confianza, como si fuera un músculo, todos los días, al atravesar sus miedos. Su tiro al arco la vuelve más sabia… «Las flechas fallidas nos dan la experiencia y las certeras la felicidad, y ambas son necesarias. A veces llevamos mucho tiempo experimentando la dureza de aprender de nuestros errores pero, si perseveramos, nos hacemos fuertes y florecemos.»

Yolanda me recuerda el significado y la trascendencia del dolor; me asegura que los días de lluvia son necesarios para valorar la luz del sol, y que la lluvia nos trae el crecimiento, la abundancia y la salud. Con ella volví a descubrir el significado del «Yo soy yo». En uno de sus correos electrónicos recientes escribió: «Claro que me cuesta con las articulaciones y los huesos… pero *yo no soy mi esqueleto*. Mi voluntad de asumir retos me hace feliz». Tal vez el reto más difícil para Yolanda, más aún que su dolor físico, sea el de controlar su mente, esa herramienta poderosa, ese caballo pura sangre que, si está asustado, se puede desbocar.

Yolanda me contó que un día estaba en la sala de quimioterapia observando y escuchando otras conversaciones, y lo que prevalecía en todas era el miedo, por supuesto. Alguien dijo: «No se puede parar la mente», a lo que Yolanda respondió: «Es verdad, pero podemos llenarla de cosas buenas, de algo que nos sirva». A su vez también expresa que seguir los tratamientos para curarse, tal como le recomendó María, su oncóloga, es a veces como bajar a los infiernos… Por eso, Yolanda sabe que necesita algo más, eso que no entra en las indicaciones médicas ortodoxas: «Para eso me ayudan mucho mis pensamientos, las visualizaciones, la conciencia del presente, respirar, llenarme de la felicidad de la belleza de lo cotidiano, mi perra, cuidar mi cuerpo, las semillas de lino y, sobre todo y por encima de todo, el amor de los que me rodean. Sin ese afecto no podría dar un paso y sin el amor que siento por los demás no tiene sentido vivir con sufrimiento». Yolanda apuesta a que su curación no se agota con la quimioterapia, sino que implica su voluntad y la presencia de Dios.

Ella evita quejarse y sólo utiliza el lenguaje para expresar sus pensamientos: «A solas con mi marido he podido llorar y he pedido en voz alta ayuda al cielo para no tener miedo, para no perder la esperanza… y entonces tú en Argentina escribías palabras que me dicen que Dios no me abandona, que tiene sus tiempos y que mi vida está llena de amor. Increíble. Ahora Antonio está tocando su guitarra a mi lado y yo estoy llena de confianza. Se fue el miedo. El amor que necesito para alimentar mi alma me viene de a toneladas de tantos ángeles que bombardean el cielo, y las casualidades son como las huellas de Dios a mi lado. Qué alegría saber que Dios está con nosotras». Entonces le pregunto qué hace cuando tiene miedo y ella me responde con sencillez: «Aprendo que, cuando tengo miedo, lo venzo pensando que tengo todas las posibilidades delante de mí. Si hay una de salvarme, es mía».

Cuando la conocí en aquel curso en Sevilla, de inmediato sentí con ella una gran conexión. Se destacaba del resto por su interés, su mirada brillante, sus ideas inspiradoras. Recuerdo que le dije que pensaba que estaba destinada a ser una gran líder. No me equivoqué. Yolanda es líder de su mente: aprende todos los días a limpiarla. Es líder de sus emociones: sabe ponerse en sintonía positiva, agradeciendo a diario. Es líder de su vida: sabe que puede contribuir a su curación. Es líder de su alma: siente que cuenta con Dios. Y es una líder que contagia inspiración a todos los que, de alguna forma, estemos pasando por momentos de aflicción.

La enfermedad de Yolanda hoy se ha estabilizado, contra todos los pronósticos y las estadísticas. Su madre está muy feliz por eso. Yolanda tiene proyectos, ha empezado a tocar el piano, algo que soñaba hacer desde chica. Su padre se lo ha regalado para el Día de Reyes. ¡Qué buen regalo! «Tengo que tener cinco años para aprender a tocar el Concierto de Rachmaninoff», dice sonriente mientras practica. Sigue con su desafío del arco y flecha; y midiéndose contra las deportistas de elite, acaba de obtener una medalla en el campeonato nacional de España. Yolanda celebra la vida y enseña a pensar bien, me recuerda que la vida es para todos un milagro de cada día.

## Guiar nuestros pensamientos: cómo evitar las preocupaciones

Para modificar nuestra actitud mental necesitamos aprender el arte de dominar nuestros pensamientos. En su libro *El dominio: una tecnología para la excelencia,* Tim Pierring observa que en el campo de la mente todos los pensamientos, ya sean positivos o negativos, se magnifican; así que, en esencia, nada puede ser tan malo o tan bueno. Esto ocurre porque todos los pensamientos, al hacer su transición hacia la expresión, se reducen en intensidad. Por lo tanto, no hay necesidad de darle demasiado crédito a los pensamientos negativos, pero debemos poner mucha energía en los pensamientos positivos para evitar que se desvanezcan.

A nuestra mente le gustan los enigmas. Le gusta responder preguntas y ésta es una capacidad fabulosa... Recordemos, a su vez, que no todo puede resolverse a nivel mental. A veces la mejor solución a un problema puede surgir cuando lo dejamos descansar.

> *No revises ningún problema de manera constante en tu mente. Deja descansar el problema y quizá se resuelva por sí sólo; tampoco lo dejes abandonado por tanto tiempo que pierdas el criterio. En cambio, usa esos momentos en los que dejas descansar el problema para ir hacia ese lugar calmo en tu interior. Al alinearte con tu alma, podrás pensar correctamente y si tus pensamientos y acciones se han descarrilado, pueden ser realineados.*
>
> PARAMAHANSA YOGANANDA

## El Apocalipsis en nuestra mente

Una clara manifestación de la negatividad es la preocupación: los seres humanos somos especialistas en imaginar escenarios futuros negativos y en preocuparnos por ellos. Nos preocupan los problemas del mundo, nos preocupan nuestras relaciones personales, nos preocupa el dinero, nos preocupa nuestro desempeño en el trabajo, nos preocupa lo que otros pensarán de nosotros, nos preocupan nuestros hijos, nos preocupan nuestros padres, nos preocupa el pasado, nos preocupa el futuro...

En el instante en que empezamos a preocuparnos desencadenamos el mecanismo oculto y corrosivo del estrés, tal como si esa situación que imaginamos ya estuviese sucediendo. En lugar de sentir estrés por algo que sucede en este momento, como hacen los animales, activamos el mecanismo del estrés con sólo preocuparnos por situaciones que aún no han sucedido. Y a diferencia de los animales, una vez que el mecanismo del estrés está en marcha, no sabemos cómo detenerlo.

Si nuestra mente está ocupada únicamente por preocupaciones, se va a cargar de negatividad. Si pensamos en términos de alegrías y posibilidades, nuestra mente las creará. Atraemos aquello que pensamos y, como vimos al referirnos a la visualización, la mente percibe con más facilidad aquello que previamente imaginó.

> *A los seres humanos les basta con imaginar que lo van a pasar mal, para pasarlo mal y desencadenar impactos idénticos a los provocados por una amenaza real.*
>
> EDUARD PUNSET

## Juan aprendió a dominar su mente

El poder de los pensamientos es un tema que con frecuencia trato en mis sesiones de *coaching* ejecutivo. En una de dichas sesiones, uno de mis clientes —Juan, que es arquitecto— me narró con detalle lo que le había sucedido el día anterior. Fue muy interesante ver cómo había podido usar el poder del pensamiento a su favor:

—Estaba en mi estudio a punto de irme a casa, eran las 8 de la noche y hacía 10 horas que estaba trabajando. Cuando estaba terminando de acomodar mi escritorio sonó el teléfono. Era un contratista que me llamaba para decirme que necesitaba 6 kilos de pastina para colocar azulejos. Respiré y pensé: «El negocio donde venden la pastina aún está abierto, no es tan lejos, tengo mi auto y puedo llegar en 15 minutos, puedo ir escuchando la radio mientras tanto». Fui al comercio y en 10 minutos solucioné el problema. Listo. Me fui a dormir contento.

—Muy bien —dije yo.

—Sí, pero lo interesante no es lo que sucedió, sino lo que hubiese sucedido poco tiempo atrás —agregó él—. Antes de saber que yo podía observar y elegir mis pensamientos, es decir, en piloto automático, yo hubiera reaccionado así: hubiera pensado: «¡No me puede llamar a las 8 de la noche para pedirme pastina, no hay derecho! A esta hora seguro que llego el negocio está cerrado, qué desconsiderado. ¡Siempre la misma historia! ¿Cómo se le ocurre llamarme a última hora del día? Además, con este calor... ¡estoy agotado!» Entonces no hubiera ido a comprar la pastina y me hubiera ido a mi casa de mal humor; al día siguiente hubiera tenido que despertarme más temprano para ir a comprarla, esperar en fila porque en ese horario van todos a comprar, y finalmente hubiera vuelto al estudio y le hubiera arrojado la pastina en la mesa al contratista. No me cuesta nada imaginar cuál hubiese sido el resultado final: muy probablemente el contratista hubiera colocado los azulejos con poca dedicación, torcidos.

—¿Y qué sucedió en lugar de eso? —le pregunté.

—En verdad, lo que sucedió fue que llegué al estudio temprano, con la pastina ya comprada del día anterior, de buen humor y elegí dársela al contratista con una sonrisa. Le dije: «Te pido por favor que la próxima vez me avises un poco más temprano». Y él me contestó: «Por supuesto, arquitecto».

El arquitecto tenía dos caminos: dar rienda suelta a los pensamientos negativos o elegir los pensamientos positivos a conciencia. Como resultado de nuestro programa de *coaching*, Juan conocía el efecto que los pensamientos tienen sobre las emociones, la salud, el entorno y la efectividad. Sabía que los pensamientos crecen y se magnifican en nuestra cabeza, que el alivio temporario de una descarga de pensamientos negativos se paga demasiado caro. Conocía el mecanismo según el cual una molestia inicial pronto se convierte en enojo, el enojo en furia y el cansancio final del día se transforma en agotamiento. Y que cada pensamiento tiene un impacto directo en la fisiología, que cada célula del cuerpo lo recibe. Era consciente de que, si daba rienda suelta a su enojo —lo que hubiese hecho en piloto automático—, sufriría un aumento inmediato de la adrenalina y la noradrenalina —las hormonas del estrés— y que los efectos en su propio cuerpo serían casi idénticos a los que se producirían si hubiese visto a un león en medio de la selva.

Acostumbrado a trabajar de manera muy activa, Juan sabía que ciertas dosis de adrenalina y noradrenalina son necesarias para la acción, pero también sabía ahora que, si se estresaba más de la cuenta, el exceso de adrenalina quedaría en su cuerpo durante muchas horas; cuanto mayor adrenalina secretara, mayor la cantidad de horas que circularía en su sistema, y esa carga de adrenalina le impediría conciliar el sueño aun varias horas después del incidente. Él tenía conocimiento de que la costumbre de dar rienda suelta a los pensamientos negativos puede tener consecuencias mucho más drásticas que una noche de insomnio: es posible que afecte la memoria y la capacidad de aprendizaje severamente, ya que el estrés prolongado inhibe las células cerebrales del hipocampo, que juega a su vez un papel importante en la memoria y en el aprendizaje.

Juan también sabía que sus pensamientos afectan la inmunología: a mayor cantidad de pensamientos negativos, menor cantidad de defensas produce el cuerpo, ya que el exceso de cortisol, otra hormona del estrés, disminuye los glóbulos blancos encargados de atacar las enfermedades. Era consciente de que los pensamientos negativos aumentan el nivel de estrés y que el estrés prolongado puede llevarnos a envejecer prematuramente y a duplicar el riesgo de enfermedades cardiovasculares.

Las sesiones de *coaching* ejecutivo le habían dado al arquitecto todas las herramientas para pensar en positivo. Al tener en claro cómo los pensamientos negativos repercuten en nuestros estados de ánimo y en el de las personas más cercanas a nosotros, su inmunología, su memoria y su aprendizaje, no le resultó difícil cambiar su costumbre arraigada, casi le resultó natural «pensar bien». Juan sabía que al elegir «pensar bien» no sólo preservaba su salud, su estado de ánimo y su memoria a largo plazo, sino también su trabajo:

—Cuando fui a ver cómo había quedado la obra, los azulejos estaban perfectamente colocados, sin la más mínima desviación —me contó sonriente al final de la sesión.

Cuando, al igual que Juan, descubrimos que podemos observar nuestra mente y detener el piloto automático que suele llevarnos hacia los pensamientos negativos, se produce una gran liberación.

## Cómo detener el piloto automático

Hay un modo muy efectivo de hacerle stop a nuestra mente: observando nuestros pensamientos, sin juzgarlos. En *El poder del ahora* Eckhart Tolle dice que podemos comenzar a hacer esto ya mismo. Podemos empezar escuchando la voz en nuestra cabeza tan a menudo como sea posible, prestando especial atención a los pensamientos recurrentes y a los pensamientos automáticos negativos. Se trata de «observar al pensador»: escuchar la voz en nuestra cabeza y estar allí como un testigo que observa y no juzga. En cuanto juzgamos nuestros pensamientos, otra vez caemos en la trampa de los pensamientos automáticos negativos. Podemos darnos cuenta porque «allí está la voz otra vez... y aquí estoy yo escuchándola». En el instante en que podemos observar nuestros pensamientos, nos despegamos de nuestra mente y ella deja de ser nuestra «dueña».

Eckhart Tolle sugiere que, para liberarnos de la infelicidad que nuestra mente puede producir frente a una situación que nos frustra, enoja o angustia, podemos elegir desprendernos de la negatividad. Conscientemente podemos elegir disipar la negatividad que la mente crea alrededor de determinada situación, teniendo presente que la negatividad nunca es una forma óptima de manejarla.

La negatividad, aun cuando no lo manifestemos de manera explícita, no queda sólo en nosotros: el otro la percibe y el ambiente, inevitablemente, se contamina de ella. Cuando somos conscientes de lo inútil y peligroso del pensamiento negativo, desprenderse de él, tal como lo hizo el arquitecto Juan, se vuelve algo tan lógico y natural como el deseo de descargar de nuestros hombros una mochila repleta de piedras y explosivos.

---

**Los pensamientos positivos afectan positivamente el cuerpo**
Nos sentimos
    Más relajados
    Más alertas
    Más centrados
    Liberamos endorfinas
    Fortalecemos el sistema inmunológico

**Los pensamientos negativos generan reacciones negativas**

    El corazón late más rápido
    La presión arterial sube
    La respiración se acelera
    Los músculos se tensan
    Liberamos adrenalina, noradrenalina y cortisol
    Se afecta el sistema inmunológico

---

## El discurso de la queja

Teresa se quejaba siempre, el día entero. Se quejaba de su marido, de sus hijos, de su suegra, del trabajo. De todo, o casi todo. Cuando llegó a nuestro curso, nos dimos cuenta de que el lamento era su alimento cotidiano: «No aguanto más. El ambiente de trabajo es insoportable. ¡No sé de qué autoestima me hablan! ¡Si a mí nunca me reconocen nada! Ni en el trabajo ni en casa. Los chicos me tienen de felpudo. Mi jefe también, me explota. Yo sé que debería irme de este trabajo, pero tengo muchas cuentas que pagar. Y a mi marido no le importa nada, sólo el fútbol. Bueno, el otro día me trajo un ramo de flores, pero por obligación. ¡Era mi cumpleaños, y seguro que le costó más barato que comprar otra cosa!»

Cuando le preguntamos a Teresa cómo se sentía la mayor parte del tiempo, nos dijo que de malhumor. «Yo sé que me estoy quejando todo el día, me lo dicen todos... Pero es lo único que puedo hacer, ¡al menos así me descargo!» Ella era consciente de su actitud, pero no le ponía freno a eso ni buscaba otros canales más sanos y creativos para expresarse. Su caso nos dio la oportunidad de trabajar con ella, y con el resto del grupo, el tema de la queja.

> *¿Has observado alguna vez que la gente casi siempre se queja a alguien equivocado, a personas que no pueden hacer nada sobre su motivo de queja? Van al trabajo y se quejan de su pareja; llegan a la casa y se quejan a su pareja de la gente del trabajo. ¿Por qué? Porque es más fácil, menos arriesgado. Para pedir un cambio de actitud hay que tener valor.*
>
> JACK CANFIELD

La queja es una expresión de impotencia que puede darnos un alivio momentáneo pero, en realidad, no cambia nada. Suele alimentarse de pensamientos distorsionados, como por ejemplo: «En mi trabajo siempre soy la última en irme [generalización]. Mi jefe es un desgraciado [rotular]... Me dijeron que el informe lo hice muy bien pero no me lo creo, me lo dicen porque no me pueden pagar más [descalificación]...»

Expresión evidente de negatividad, la queja nos coloca, de inmediato, en la posición de la víctima, de quien nada puede hacer al respecto. Para dejar de quejarnos es fundamental sentirnos 100% responsables de nuestra existencia, tal como vimos en el capítulo de la autoestima. En palabras de Virginia Satir, esto significa adueñarnos de nuestra vida.

Tolle sugiere que, en lugar de quejarnos, podemos:

1. Llevar adelante una acción diferente de la que veníamos haciendo.
2. Dejar/abandonar la situación o persona que se ha vuelto intolerable.
3. Muchas veces la segunda opción no es una opción: no podemos ni queremos abandonar nuestro hogar o nuestro trabajo. Entonces, ¿qué hacer? Aceptarlo completamente. ¿Qué significa la aceptación total? Dejar de lado la negatividad y decidir, a conciencia, no quejarnos más.

*No culpes a nadie, nunca te quejes de nada ni de nadie, porque fundamentalmente tú has hecho tu vida.*

PABLO NERUDA

## Cuando los pensamientos positivos no son suficiente

Mantener de modo constante la actitud de pensar bien y observar con conciencia las trampas en las que caemos a menudo son herramientas muy poderosas, pero se vuelven frágiles si falta el ingrediente del autorreconocimiento, muy ligado a la autoestima. «Hace años que estoy trabajando sobre los pensamientos positivos y visualizando la situación que quiero, pero nada cambia... En mí esto no funciona», me dijo alguien una vez, durante uno de nuestros seminarios.

Para generar verdaderos resultados, entonces, necesitamos de los tres ingredientes trabajados al unísono: pensamientos, emociones y autorreconocimiento.

Para alcanzar algo deseado, lo primero es trabajar sobre los pensamientos. La primera pregunta a responder es: ¿Qué quiero? Esto podría parecer una obviedad, sin embargo, desde mi experiencia como consultora y *coach*, puedo afirmar que no lo es. Las personas suelen tener una imagen clara de lo que no quieren: «No quiero trabajar incansablemente por un sueldo magro», «No quiero perder el contacto con mis hijos», «No quiero seguir viviendo en este lugar»... Sin embargo, al preguntarles qué es lo que de verdad quieren que suceda, la respuesta no suele ser tan fluida. Por eso, en primer lugar, es importante trabajar desde el pensamiento para definir con claridad qué quiero.

Luego es importante añadir el componente emocional. A veces pensamos mucho en algo, tenemos definidos los detalles de lo que deseamos, pero no lo conectamos con la emoción. Es sólo una idea, un pensamiento desprovisto de emoción. «Desde el punto de vista neurológico, lo que impulsa hacia un objetivo depende de la capacidad de recordar lo satisfecho que se estará al lograrlo», explican McKee, Boyatzis y Goleman.

¿Por qué puede suceder que, aun usando nuestros pensamientos para definir en detalle lo que queremos, y nuestras emociones para conectarnos con la alegría que sentiremos al lograrlo, el plan falle? Porque puede estar faltando el ingrediente menos evidente: el sentirnos capaces de lograrlo y merecedores de ese éxito. Por eso, al proponernos objetivos, metas, sueños, recordemos usar el poder de nuestros pensamientos y emociones, y también preguntarnos:

¿Me lo merezco?
¿Merezco tener una vida equilibrada?
¿Merezco tener un nuevo trabajo?
¿Merezco tener éxito en mis proyectos?
¿Creo de verdad que me lo merezco?

Si la respuesta es «No, no me lo merezco», entonces falta todavía un poco de acción. Como veremos más adelante, la palabra satisfacción significa «suficiente acción». Para que las visualizaciones, los pensamientos y las emociones nos ayuden a conseguir objetivos, tiene que haber trabajo de nuestra parte. Si la respuesta a esta pregunta es «Sí, me lo merezco», ¡fantástico! Ya estás en camino de cumplir tus deseos.

Pero a veces la respuesta es «No lo sé», «No sé si merezco tener éxito y felicidad en mi vida». Entonces es momento de reconocerte: ir hacia atrás y recordar dónde comenzaste. Vuélvete hacia atrás y mira el camino que has recorrido, repasa todos los obstáculos que debiste superar, considera la cantidad de tiempo que has invertido en el proyecto, en la relación, en tu sueño... Y no sólo eso. Observa también los valores que has honrado para llegar adonde estás hoy. Y pregúntate nuevamente: «¿Me lo merezco?»

## Usar el pensamiento para crear un proyecto de vida

Cuando Liliana llegó a nuestro curso Autoestima y Motivación, estaba pasando por un momento difícil en su vida. Después de veinte años de matrimonio, su marido se había enamorado de otra persona. Con la separación, Liliana perdió algo más que a su pareja: se distanció de su núcleo de amigos y su hijo mayor decidió ir a vivir con el padre.

Fue en el módulo en que trabajamos con las diferentes áreas de la vida —trabajo, familia, salud, tiempo libre, finanzas, espiritualidad, etcétera— que ella se dio cuenta de que, si bien estaba satisfecha con sus logros en diversos aspectos, había algo que le faltaba. Era una empresaria exitosa, hábil para las finanzas, deportista, sana, y cultivaba su espiritualidad. Sin embargo, desde la separación sentía que su confianza en ella como mujer se había desmoronado. Su meta era encontrar una nueva pareja. Veamos parte de uno de nuestros intercambios:

—Yo sé qué es lo que quiero, pero no lo puedo conseguir —me dijo.

—¿Qué es lo que quieres?

—Quiero encontrar a un hombre que sea compañero, no como mi ex marido.

—¿Qué significa que sea compañero?

—Que me escuche y que le guste conversar conmigo durante horas —respondió después de pensar unos instantes.

—¿Qué más te gustaría en tu nueva pareja?

—Bueno... Siempre me resultaron atractivas las personas de otros países. Me gustaría que fuese extranjero.

Así fue como empezamos a trabajar en el primer paso para alcanzar cualquier meta: definir con el mayor nivel de detalle posible aquello que queremos. Al usar nuestros pensamientos para definir la meta, empezamos a activar el ya mencionado SARA. Como explica Jack Canfield, el SARA activa la parte subconsciente de la mente que permite que veamos posibilidades que estaban antes allí y que no las veíamos. De forma similar a una computadora pero mucho más potente, el cerebro tiene una función de búsqueda de la información que actúa como un filtro que nos permite captar lo que más nos interesa.

En un momento le dije a Liliana:

—Estamos programados para detectar aquello con que nos identificamos. Y sólo percibimos lo que encaja con nuestros sistemas de creencias, lo cual puede elevar tu nivel de motivación ya que de pronto encontrarás nuevas oportunidades que te llevarán a hacer cosas que antes no hubieras hecho...

Algo importante también es prestar atención a los pensamientos que tenemos sobre nosotros mismos al conectarnos con esa meta. En *coaching* decimos que las palabras crean realidades. Sin embargo, lo que antecede a la palabra es el pensamiento, por ende el pensamiento también crea realidades. Por eso es fundamental revisar a conciencia nuestro diálogo interno. Si los pensamientos que tenemos nos están limitando, difícilmente podremos alcanzar nuestro objetivo. Con Liliana hablamos mucho acerca de las creencias limitantes que tenemos y le sugerí que hiciera algunos ejercicios que explicamos al final de este capítulo. Así ella pudo descubrir que, al conectarse con su meta de encontrar una nueva pareja, surgían en su mente creencias limitantes. Recuerdo algunas de ellas: «A mi edad no voy a conseguir una buena pareja», «Mi hijo nunca va a aprobar una nueva pareja que yo tenga», «Iniciar un romance no es compatible con mis obligaciones de trabajo».

> *Si crees que estás descalificado, lo estás.*
> *Tienes que pensar alto para subir.*
> *Tienes que estar seguro de ti mismo*
> *antes de poder ganar.*
> *En las batallas de la vida no siempre*
> *triunfa el más fuerte o el más veloz*
> *sino más bien el que gana es el que*
> *piensa que ganará.*
>
> WALTER D. WINTLE

Después de pensar en detalle aquello que queremos, es importante agregarle el componente emocional, ya que cuando algo entra en la mente con emoción, se fija, no se olvida. Se dice que recordar es volver a pasar por el corazón... Entonces Liliana nos preguntó cómo hacía para agregarle emoción a sus pensamientos. Y mi respuesta fue que se puede agregar a través de música que nos inspire, de sonidos que nos den alegría, de aromas que nos agraden... Hay que crear una verdadera película en nuestra mente. Cuanto más real lo podamos hacer y más pasión le añadamos, mejor será el resultado.

Liliana nos decía que a ella le costaba imaginar lo que quería, visualizarlo. Le explicamos entonces lo que podía hacer para traducir todos esos pensamientos y emociones a imágenes, creando por ejemplo un tablero de la visión. En este tablero se pueden poner imágenes de revistas, palabras que nos inspiren o que veamos en los periódicos, fotos propias... Si nuestra meta es hacer un viaje a París, podemos poner una imagen de la torre Eiffel e incluir en ella una foto nuestra. Si la meta es tener un coche nuevo, podemos poner fotos de ese coche. Cuando la NASA se puso la meta de llevar al hombre a la Luna, tenían una foto gigante de la superficie lunar cubriendo toda la pared, de piso a techo, de la sala de trabajo. Todos tenían presente el objetivo a nivel consciente y subconsciente. Lograron que el hombre llegara a la Luna dos años antes de lo planificado.

Pensar en imágenes es poderoso, como hemos explicado en la sección de visualización. Hay psicólogos que aseguran que una hora de visualización equivale a siete horas de esfuerzo. No hace falta hacerlo durante una hora, con unos minutos diarios puede ser suficiente. Le contamos a Liliana sobre nuestra propia experiencia, cuando empezamos a soñar con hacer la película *Confianza Total*. Uno de nuestros objetivos era presentarla en España, donde yo había trabajado durante muchos años y país al que le tengo un especial cariño. Empezamos a usar nuestros pensamientos para crear a nivel mental las imágenes que queríamos. Al poco tiempo de terminar la película nos llegó una propuesta para lanzarla en España a nivel nacional, con entrevistas en radio, revistas y televisión, y nuestra película llegó a los grandes comercios. Efectivamente, creamos lo que imaginamos.

Por último, le recordamos a Liliana lo importante de afirmar nuestros pensamientos. Esto es válido para cualquier meta que nos propongamos. Se trata de dedicar un momento al día para revisar los objetivos y así inundar la mente a nivel subconsciente con palabras de afirmación de lo que queremos lograr.

A los pocos meses de terminar ese curso de Confianza Total, recibí un correo electrónico de Liliana. Nos contaba, rebosante de felicidad, sobre su nueva realidad: «Conocí al amor de mi vida de una manera que jamás hubiera imaginado: a través de Internet. Se llama Carlos, es de México, y lo que más disfrutamos son nuestras largas conversaciones… No puedo dejar de sorprenderme al mirar mi tablero de la visión, las afirmaciones y los pensamientos que tuve durante estos últimos meses… pues Carlos es exactamente lo que imaginé».

## El buen uso de la mente

Los pensamientos tienen poder, entonces aprendamos a usar nuestra mente para crear lo que queremos.

El primer paso para aprender a usarla es tomar conciencia de la cantidad de pensamientos que tenemos por día, para adueñarnos de ellos mediante la observación y posterior elección sólo de aquellos que nos hagan bien. Descartemos los demás, para no caer en las trampas que suelen tendernos y recordando que cada vez que pensamos algo secretamos sustancias químicas que impactan de manera directa en cómo nos sentimos.

Cuando tomamos conciencia de que podemos guiar nuestros pensamientos, activamos nuestra mente. Evitemos las anticipaciones negativas del futuro, las preocupaciones y las quejas, que tanto daño producen en nuestra salud y en nuestro estado de ánimo.

En vez de quedar entrampados en los pensamientos negativos, intimidantes, usemos nuestra mente como pista de despegue de un buen proyecto de vida, plasmando nuestros pensamientos en imágenes y afirmaciones concretas y prestando atención a nuestro diálogo interno y a nuestras creencias limitantes. Si nos convertimos en los únicos pilotos de esa nave que es nuestra mente, ¡nuestros pensamientos pueden convertirse en nuestros aliados, para ayudarnos a vivir mejor!

## PRÁCTICAS

### I. Los tres pasos para disolver las creencias limitantes

Para cambiar un pensamiento que está en nuestro subconsciente y que nos limita en la vida, nada mejor que crear un pensamiento que nos entusiasme y nos llene de energía. Es posible que disolvamos nuestras creencias limitantes siguiendo un sencillo método de tres pasos. Pero recuerda: la clave para que esto realmente funcione es pensar que te lo mereces.

1. Escribe tu creencia limitante, por ejemplo: «Las posesiones materiales nos alejan de nuestra espiritualidad. El dinero nos corrompe, nos vuelve superficiales».

2. Desafía esa creencia. Cuanto más claridad le pongas, mejor. Por ejemplo, puedes pensar:
«El dinero no es ni bueno ni malo, sino lo que yo hago con el dinero.»
«El dinero es la base de la ayuda social.»
«Con dinero puedo acompañar los sueños de mis hijos.»
«Con dinero puedo irme de vacaciones feliz, y es algo que mi familia y yo nos merecemos.»
«El dinero usado con amor puede crear abundancia, para mí, para los que me rodean y aun para gente que no conozco.»
«Mi espiritualidad no depende del dinero, ni de tenerlo ni de no tenerlo.»

3. Crear una declaración que tenga la fuerza como para dar vuelta la creencia.
Las creencias limitantes son poderosas, pero no nacemos con

ellas. Por lo tanto, pueden ser disueltas. Sin embargo, es importante saber que como son poderosas, tendremos que encontrar una declaración o afirmación que se contraponga con la suficiente fuerza como para disolverla, y es necesario repetirla varias veces por día, al menos durante 30 días, que es el tiempo necesario para crear un nuevo hábito.

Algunas afirmaciones que pueden servir en este caso son:

«El dinero viene a mí para que lo use para mi bien y el de quienes me rodean.»

«El dinero llega a mí de lugares inesperados.»

«Yo puedo crear prosperidad en mi vida.»

«Mis inversiones son rentables.»

«Tengo todo el dinero que necesito para mí.»

«Con mi dinero puedo ayudar a muchos.»

## II. Los nueve pasos para crear afirmaciones efectivas

1. Comienza con la frase «Yo soy o yo estoy». Son las dos frases más poderosas para impactar en el subconsciente. La mente lo interpreta como una orden, y lo ejecuta como tal.

2. Usa el tiempo presente: describe lo que quieres como si ya lo hubieras alcanzado.

3. Dilo en positivo: afirma lo que quieres. Tu mente está preparada para entender lo que quieres y no lo que no quieres. Si dices «No quiero ser pobre», la mente registra «ser pobre».

4. Crea una frase breve, para que puedas repetirla en tu mente con facilidad.

5. Crea una frase específica pues, si es vaga, la mente no la entiende.

6. Incluye verbos que denoten acción: sin acción no hay resultados.

7. Incluye al menos una emoción poderosa.

8. Haz las afirmaciones para ti, y no para los demás.

9. Finaliza tu afirmación agregando lo siguiente: «o algo mejor».

Ejemplo: «Yo estoy disfrutando de mis merecidas vacaciones en Hawaii, con mi familia… o algo mejor».

*Yo estoy*: la frase poderosa.
*Disfrutando*: el verbo en acción y la emoción.
*Merecidas vacaciones*: la creencia que afirma que lo merezco.
*En Hawaii, con mi familia*: lo específico.
*O algo mejor*: siempre puede haber algo mejor que lo que he imaginado.

# 6

## EL PODER DE LAS PALABRAS
### LA CLAVE DE LA COMUNICACIÓN EFECTIVA

> *La impecabilidad de la palabra puede conducirte a la libertad personal, al éxito inmenso y a la abundancia, puede disolver todo miedo y transformarlo en alegría y amor.*
>
> MIGUEL RUIZ

Piensa por un instante en tu familia, en tu equipo de trabajo, en tus amigos... ¿Confían en tu palabra?

La palabra cumple un rol fundamental desde el origen de los tiempos. Quizá por eso, cuando en la antigüedad alguien decía «me dio su palabra», eso era suficiente como garantía de consumación. Remontándonos a la Biblia, en el inicio del Génesis leemos que en el principio fue el Verbo, y que Dios dijo «haya luz» y hubo luz.

Sin embargo, como postula Rafael Echeverría, durante siglos los seres humanos hemos vivido con muy poca conciencia sobre el poder de la palabra, por seguir la lógica planteada por Descartes —«pienso luego existo»—, que venía ya de la antigua Grecia. Como bien lo explica Echeverría, durante veinticinco siglos la tradición destacó a la razón como el elemento distintivo del ser humano. Así hicimos de la razón un dios y empezamos a buscar respuestas a las preguntas fundamentales de la vida, hasta convencernos de que existía una respuesta correcta para cada buena pregunta planteada. Una lógica que entendía el lenguaje como meramente descriptivo: el mundo es de una determinada manera, y el lenguaje se limita a describirlo. Y fuimos aun más lejos, hasta convencernos de que cada persona es de una determinada manera, tiene una forma de ser inmutable y, a través de la razón, podemos conocer su manera de ser. Aunque esa lógica de pensamiento sigue latente en nuestra vida diaria, está naciendo una nueva concepción.

El nuevo paradigma, sobre el que se fundamenta el *coaching*, postula que los seres humanos *no somos* de determinada manera, sino que *estamos siendo,* y que siempre podemos cambiar. La nueva visión sostiene también que el lenguaje, lejos de ser un mero instrumento pasivo que se limita a describir al mundo, en verdad, puede crearlo. «Al postular que el lenguaje es generativo, estamos sosteniendo que el lenguaje es acción… A través del lenguaje no sólo hablamos de las cosas, sino que alteramos el curso espontáneo de los acontecimientos: hacemos que las cosas ocurran. Por ejemplo, al proponerle algo a alguien o al decirle "sí", "no", "basta", intervenimos en el curso de los acontecimientos. Basta pensar en las infinitas oportunidades en las que una persona, un grupo y un país cambiaron de dirección porque alguien dijo lo que dijo», explica Echeverría.

## Antes del lenguaje no había nada

Para Helen Keller, ciega y sordomuda a causa de una enfermedad que contrajo a los diecinueve meses, su vida parecía estar predestinada al silencio y al aislamiento. Así fue hasta que conoció a su maestra Anne Sullivan, que se encontró con una niña que, además de no ver, ni oír, ni hablar, era bastante mimada y caprichosa.

Al principio sus enseñanzas fueron infructuosas, hasta que una tarde de verano Anne llevó a Helen hasta una bomba de agua. Mientras puso una de sus manos bajo el agua fresca, deletreó en la otra palma la palabra agua varias veces. En ese momento se produjo el milagro: Helen de pronto comprendió lo que esa palabra quería decir; entendió que esas letras nombraban el agua y que ella podía evocar la sensación del agua en su mano, evocando la palabra. Durante el regreso a casa, agotó a su maestra pidiéndole saber todas las palabras... Anne escribió en su informe: «Helen ha aprendido que cada cosa tiene un nombre y que el alfabeto manual es la clave para conocer todo lo que quiera».

A partir de ese día, el progreso de Helen fue imparable. Todo lo que quería saber lo aprendía. Lo que siguió fue entender que la palabra no sólo se usa para nombrar las cosas que también se pueden tocar, sino para dar cuenta del mundo abstracto: «Un día traje un puñado de violetas a mi profesora Anne. Ella trató de besarme, pero la rechacé, pues no quería que nadie me besase excepto mi madre. Anne me rodeó con el brazo y deletreó en mi mano "yo te amo, Helen". Yo pregunté: "¿Qué es amor?" Ella apuntó con su dedo a mi corazón y dijo: "Está aquí". Eso me asombró, pues hasta entonces creía que sólo tenían nombre las cosas que se podían tocar».

Helen decía que, antes de tener palabras, ella se sentía como un fantasma, un *no ser*. Después del lenguaje apareció todo: aprendió varios idiomas, incluyendo latín y griego; escribió catorce libros; se convirtió en la primera mujer sordomuda y ciega en graduarse en una universidad, y lo hizo con honores. Y hasta viajó por el mundo dando conferencias para ayudar a los discapacitados.

> *Cuando aprendí el significado del yo y del mí, me enteré de que yo era algo y comencé a pensar.*
> HELEN KELLER

## Las palabras tienen poder

El lenguaje crea realidades. A través de lo que decimos y de cómo lo decimos; por aquello que callamos, por lo que opinamos y por las intenciones que subyacen a nuestras palabras, podemos crear una realidad para nosotros y para quienes nos rodean. Hay palabras que abren posibilidades y palabras que las cierran, hay conversaciones creativas y otras destructivas, también hay declaraciones que pueden cambiar el mundo. Nuestras palabras pueden crear confianza o desconfianza...

Aunque no seamos plenamente conscientes de ello, muchos seguimos con patrones de pensamiento y una visión del ser y del lenguaje de la época cartesiana. Por eso muchas veces creemos que existe una sola verdad frente a los acontecimientos, que las cosas son de determinada manera y que cada ser humano es de una forma inmutable. Entonces resulta vital aprender nuevas habilidades y desaprender ciertas formas muy arraigadas, así como cuestionar lo aprendido, para renovar nuestra mirada sobre lo que ya sabemos. Como asegura Alvin Toffler, «los analfabetos del futuro no serán los que no sepan leer y escribir, sino los que no sepan aprender, desaprender y reaprender».

Y a propósito del uso que hacemos de las palabras, cuenta la leyenda que un maestro zen recibió en su casa a un prestigioso profesor universitario que fue a su encuentro para aprender sobre el camino zen. Mientras conversaban, el maestro le ofreció un té al visitante y comenzó a llenar su taza. En un aparente gesto de distracción, conversaba y miraba al profesor mientras vertía el líquido, de manera que, una vez que la taza estuvo colmada, siguió sirviéndole té hasta rebalsarla y empezar a volcarse el líquido por el plato, por la mesa...

hasta derramarse en el piso. Aun así no se detuvo. El visitante lo miró confundido y le dijo: «Maestro, la taza está llena, ¡no cabe ni una gota más!» El maestro lo miró sonriente y le respondió: «Al igual que esta taza, usted está lleno de sus opiniones... ¿Cómo podría yo mostrarle algo sobre el camino zen si no tiene más lugar en su taza?»

> *La palabra es mitad de quien la pronuncia, mitad de quien la escucha.*
> MONTAIGNE

## LOS CINCO PRINCIPIOS PARA ACTIVAR EL PODER DE LAS PALABRAS

Usamos las palabras todos los días, de manera oral y escrita. Mantenemos conversaciones, escribimos correos electrónicos, negociamos, debatimos, preguntamos, respondemos... Sin embargo, muchas veces hablamos sin ser plenamente conscientes del efecto que las palabras tienen en nosotros y en los otros.

Don Miguel Ruiz, médico cirujano, heredero de la sabiduría tolteca, en su libro *Los Cuatro Acuerdos* transmite valiosas enseñanzas acerca del uso de la palabra. Sus sugerencias son que seamos impecables con nuestras palabras, que no hagamos suposiciones, que no tomemos nada de manera personal y que hagamos siempre lo máximo que podamos.

Aquí ofrecemos cinco principios para activar el poder de las palabras, potenciando las conversaciones que tenemos en todos los contextos:

1. Crear confianza con palabras íntegras.
2. Dar y recibir opiniones con sabiduría.
3. Evitar las conclusiones apresuradas.
4. Entregar lo mejor de uno mismo, con alegría y flexibilidad.
5. Activar el poder del reconocimiento.

**Crear confianza con palabras íntegras**

La impecabilidad está relacionada con la integridad. Como ya señalamos, la integridad genera confianza. Se trata de que nuestras palabras estén alineadas con nuestros pensamientos y con nuestras intenciones, y de decir sólo aquello en lo que de verdad creemos; de eliminar las mentiras, pues la mentira erosiona nuestra autoestima y la imagen que los demás se hacen de nosotros, y también nos quita energía mantener la verdad oculta o fingir, porque eso desgasta.

Tomando conciencia de que nuestras palabras tienen poder y pueden generar inclusión o separación, la impecabilidad también implica dejar de lado las habladurías. A veces puede resultar un desafío apartarse de los rumores y de las palabras que provienen del paradigma del miedo… En este sentido, hay un relato muy revelador, que solemos contar cuando encaramos este tema.

Un joven discípulo llegó a la casa de su maestro, un sabio filósofo, y le dijo:

—Vengo a decirte algo importante, que no puedo callar, pues un amigo estuvo hablando de ti con malevolencia…

—¡Espera! —lo interrumpió el filósofo—. ¿Hiciste pasar por las tres rejas lo que vas a contarme?

—¿Las tres rejas? —preguntó el discípulo.

—Sí. La primera es la verdad. ¿Estás seguro de que lo que quieres contarme es absolutamente cierto?

—No. Lo oí comentar a unos vecinos...

—Al menos lo habrás hecho pasar por la segunda reja, la bondad. Eso que deseas decirme, ¿es bueno para alguien?

—No, en realidad no. Al contrario...

—La última reja es la necesidad. ¿Es necesario hacerme saber esto que tanto te inquieta?

—A decir verdad, no.

—Entonces —dijo el sabio con una sonrisa franca—, si no es verdad, ni es bueno, ni es necesario, sepultémoslo en el olvido.

**Dar y recibir opiniones con sabiduría**

Las opiniones o los juicios pueden ser una fuente de gran sufrimiento. Acostumbrados a confundir hechos con juicios, solemos expresar nuestras opiniones como si fuesen descripciones de la realidad, dando por sentado que los demás ven lo mismo que nosotros y anulando la posibilidad de que opinen diferente. De la misma manera, a veces tomamos por irrefutables las opiniones que otras personas dan sobre nosotros. Cuando escuchemos un comentario de alguien que nos hiere, pensemos si se trata de un hecho o de una opinión. Si es un hecho, revisemos si hay algo en nuestra manera de actuar que es factible de ser corregido, ya que puede ser un *feedback* válido que nos puede ayudar a cambiar. Si es una opinión, lo primero que podemos recordar es que los juicios hablan mucho más de la persona que los emite que de quien los recibe. A su vez, hay algunas opiniones que son válidas y pueden ayudarnos a crecer.

No podemos evitar que los demás opinen sobre nosotros. Lo que sí podemos evitar es que esas opiniones se encarnen en nuestro ser hasta lastimarnos o convencernos de que, en efecto, eso somos. Es importante hacer, en ese momento, un trabajo interno para recordar que tenemos un valor intrínseco que no depende de lo que los demás opinen de nosotros. Una de las técnicas que enseñamos en nuestros cursos es que, frente a la opinión desfavorable o malintencionada de otra persona, repitamos internamente: «Sin importar lo que pienses de mí o me digas, yo sigo siendo una persona valiosa».

A su vez, cuidemos nosotros nuestras palabras al emitir juicios. Como explica Echeverría, a diferencia de un hecho, una opinión no puede ser verdadera o falsa, sino fundada o infundada. Y de acuerdo con la intención con la que se dice, también puede ser constructiva o destructiva.

Aprender a expresar una opinión como tal, en lugar de verbalizarla como si fuera un hecho, es una habilidad clave para una comunicación efectiva, ya que las opiniones personales dichas como verdades generan tensión, no dan lugar al entendimiento y producen rigidez en quien escucha. Si alguien dice: «*Este lugar no sirve* para tener una reunión», no deja abierta la posibilidad de que otro piense diferente, está dando su opinión como una verdad irrefutable, lo cual genera un natural rechazo en quien lo escucha, en especial si la otra persona piensa distinto. En cambio, si dice: «*Desde mi punto de vista,* este lugar no es el más adecuado para tener una reunión», está expresando la misma idea, pero se está adueñando de su opinión sin impedir que otro manifieste una diferente, lo cual contribuye a establecer una mejor comunicación. Expresar opiniones como hechos, además, suele generar en el otro una reacción defensiva, que puede orientar la conversación hacia demostrar quién tiene la razón. Para evitar eso, alcanza con agregar, antes de emitir cualquier opinión: «Yo creo que…», «Yo opino que…», «Yo pienso que…», «Desde mi punto de vista…» Este modo de expresarse armoniza el diálogo.

Es interesante, en este sentido, recordar el inicio de la carrera artística de Fred Astaire. Tras su primera audición, el director de MGM escribió un informe que decía: «No sabe cantar. No sabe actuar.

Apenas sabe bailar un poco». Sin embargo, Astaire hizo que su propia voz y su convicción fuesen más fuertes que ese demoledor juicio: después de ese comentario que podría haber desalentado a muchos, fue considerado unánimemente como el mejor bailarín del siglo XX y una de las personalidades artísticas más influyentes de los musicales de cine y de televisión. ¿Qué hubiera pasado si Fred Astaire tomaba esa opinión como un hecho? ¿Qué nos pasa a nosotros cuando tomamos la opinión que otros tienen sobre nosotros, nuestras habilidades, talento o trabajo como un hecho?

Hay otra historia muy elocuente, cuyos protagonistas son dos empleados de una fábrica de zapatillas que viajan a una región del África para abrir nuevos mercados. A su regreso, uno de ellos comenta:

—Imposible, no es un mercado para nosotros, allí nadie usa zapatillas, la gente anda descalza, así que nunca comprarán zapatillas.

Pero el segundo opina:

—Es la mejor oportunidad de negocios que he visto en mi vida: nadie tiene zapatillas… ¡Todos van a querer comprar zapatillas!

Ambos fueron al mismo lugar y observaron lo mismo. Sin embargo, emitieron juicios diametralmente opuestos. ¿Quién tenía razón? No lo sabemos. Pero, ¿cuál de los dos juicios abría, en verdad, nuevas posibilidades?

Frente al mismo hecho, las personas pueden tener diferentes interpretaciones y opiniones. El secreto está en elegir aquellas que abren posibilidades y descartar las que nos cierran los caminos.

*Cuando hables, procura que tus palabras sean mejores que el silencio.*
                                    Proverbio indio

## Evitar las conclusiones apresuradas

Como vimos en el capítulo anterior, muchas veces los pensamientos nos tienden trampas. Una de ellas es la de «lectura de la mente», esa tendencia a creer que sabemos lo que las otras personas piensan y sienten. Son suposiciones que tomamos como verdades y que tiñen nuestras percepciones y nuestras acciones. No hacer suposiciones también implica hablar con claridad, sin rodeos; no dar por obvio que los demás entendieron aquello que dijimos, pues hablar y escuchar son dos fenómenos completamente diferentes.

En una de mis sesiones de *coaching*, un cliente me presentó la siguiente situación: dijo que no estaba muy contento con los resultados de su equipo. Le pregunté si les había manifestado a todos su disconformidad con los resultados y me dijo que sí, que incluso lo había hecho por escrito. Le pedí entonces que me enviara los mensajes que había entre él y su equipo como para tener más elementos de análisis.

Al leer los correos electrónicos que él le había enviado, me costó comprender cuál era el problema, no pude ver claramente qué les había querido decir. Noté que cuando él les señalaba algo para mejorar, revestía los hechos de muchas palabras innecesarias, suavizaba con eufemismos las cosas con las que no estaba de acuerdo y daba tantas vueltas al asunto que, al llegar al final del mensaje, yo quedaba tan confundida, que tenía que empezar a leer nuevamente. En el siguiente encuentro de *coaching* sostuvimos este diálogo:

—Daniel, ¿qué fue concretamente lo que te disgustó?

—Estoy desconforme con la forma en que están tratando a los nuevos clientes. Veo que ponen dedicación y cuidado en los detalles con los clientes de siempre, pero que a los nuevos casi no les dan importancia —respondió.

—¿Por qué no se los dijiste con claridad?

—Porque tuve miedo de ofenderlos. Yo sé que ponen un gran empeño en el trabajo que realizan y no quise que pensaran que no me doy cuenta de eso. Además, me parece que es obvio que hay que tratar bien a los nuevos clientes, es algo que yo les transmito siempre.

Hablar con claridad significa no dar cosas por sentadas ni suponer que el otro ya sabe cuáles son nuestros estándares de trabajo. Hablar claro no es andar con rodeos y eufemismos, escondiendo nuestros deseos detrás de mil velos. Hablar con claridad no es decir pocas palabras fuera de contexto, hirientes o despiadadas. Hablar claro es no confundir a la persona con la acción; decir «*Eres un descuidado con los clientes nuevos*» no es lo mismo que decir «*No estás cuidando a los clientes nuevos*». Porque la acción de descuidar se puede cambiar fácilmente, pero acusar de «ser» a una persona descuidada toca la esencia del otro, lo rotula de esa manera y lo lastima.

---

*No salga de vuestra boca palabra dañosa, sino la que sea conveniente para edificar según la necesidad y hacer el bien a los que os escuchen.*

Efesios 4:29

---

## Entregar lo mejor de uno mismo con alegría y flexibilidad

Este principio es una invitación a entregar, en todas las circunstancias de la vida, lo mejor que tengamos, evitando mostrarnos duros con nosotros mismos y con los demás. Nos volvemos rígidos cuando nos aferramos a nuestras opiniones, intentando tener la razón. Nos mostramos duros cuando tomamos los errores como signos de fracaso. Nos volvemos intolerantes cuando confundimos la excelencia con la perfección. Podemos ser excelentes con la palabra, dar lo mejor de nosotros mismos cada vez que expresamos una opinión y preguntarnos, antes de hablar, si aquello que vamos a decir es para algo bueno, necesario, y si es verdadero.

## Activar el poder del reconocimiento

Las palabras de reconocimiento tienen un impacto altamente positivo en las personas; sin embargo, muchas veces desconocemos cuán poderoso es detenerse a reconocer a los demás.

El reconocimiento efectivo del que estamos hablando va más allá del dinero, que también es importante; es una expresión auténtica de agradecimiento por una labor bien realizada. Jack Canfield en *Los principios del éxito* cuenta que para saber qué es lo que motiva a los empleados, una empresa de asesoramiento empresarial realiza, todos los años, un estudio entre 200 empresas. Les dan a los empleados una lista con 10 puntos —entre los cuales está el buen sueldo y el reconocimiento—, y se les pide que puntúen de 1 a 10 qué es lo más importante para ellos, lo que más los motiva a trabajar. La misma lista se les entrega a los gerentes y a los directores de las empresas, pidiéndoles que puntúen, según su opinión, qué es lo que creen que más motiva a sus empleados a trabajar allí. Si bien los resultados varían de año a año, hay algo que siempre permanece igual: lo que los empleados eligen como primer factor de motivación. Uno diría que los empleados pondrían el buen sueldo en primer lugar. Sin embargo, los empleados siempre ponen el reconocimiento en primer lugar, mientras que directivos y jefes lo colocan en octavo puesto. Los tres primeros puntos privilegiados por los empleados son de tipo actitudinal, ¡y no tienen costo alguno!

| **EMPLEADOS** | **JEFES Y DIRECTIVOS** |
|---|---|
| 1. **Reconocimiento.** | 1. Buen sueldo. |
| 2. Inclusión en las cuestiones de la empresa. | 2. Seguridad laboral. |
| 3. Actitud comprensiva. | 3. Oportunidades de promoción. |
| 4. Seguridad laboral. | 4. Buenas condiciones de trabajo. |
| 5. Buen sueldo. | 5. Trabajo interesante. |
| 6. Trabajo interesante. | 6. Lealtad de la dirección. |
| 7. Oportunidades de promoción. | 7. Trato considerado. |
| 8. Lealtad de la dirección. | 8. **Reconocimiento.** |
| 9. Buenas condiciones de trabajo. | 9. Actitud comprensiva. |
| 10. Trato considerado. | 10. Inclusiones en las cuestiones de la empresa. |

El reconocimiento es algo que todos los seres humanos necesitamos. Es una manera de ayudarnos a recordar quiénes somos y una de las mejores formas de construir nuestra confianza. Es también una forma de estrechar vínculos con las personas que nos rodean —en nuestro ambiente de trabajo, en nuestra familia, en nuestro círculo de amistades—. Cuando el reconocimiento es genuino, puede tener efectos sorprendentes y puede transformar la vida de quien lo da y de quien lo recibe.

He tenido el privilegio de presenciar momentos de verdadera transformación en nuestros seminarios, cuando trabajamos sobre el reconocimiento. En una actividad que llamamos «la actitud de la gratitud», he escuchado a varias personas decir en voz alta: «Hace años que no me detenía a pensar en lo mucho que tengo para agradecerle y reconocerle a mi marido», «¡Nunca consideré lo importante que esto podía ser y lo bien que me haría sentir!»

## El reconocimiento efectivo

Podríamos decir que a Felipe la vida le había dado pocas oportunidades de éxito. Nacido en un medio de bajos recursos donde la mayoría de los adolescentes no completa la escuela secundaria, en un país donde la educación superior es una opción cada vez más reducida y donde la falta de trabajo es moneda corriente, a los 18 años el futuro de Felipe era de difícil pronóstico. Pero él era diferente. No sólo había completado la escuela secundaria, sino que además lo había hecho con muy buenas calificaciones. De manera que cuando la vida, que a veces se nos antoja injusta, le ofreciera una oportunidad, Felipe estaba preparado para no dejarla pasar.

Cierto día se presentaron en su casa unas personas que pertenecían al programa Pescar, cuya misión consistía en reunir a jóvenes brillantes de 17 y 18 años, provenientes de medios de muy escasos recursos. El programa le ofrecía un año de formación adicional, de manera gratuita, que le permitiera inserción laboral y prosecución de estudios universitarios. Le brindarían herramientas prácticas y técnicas acerca del *know-how* de una empresa, pues son empresas las que llevan adelante la capacitación durante nueve meses.

¡Nueve meses! En nueve meses se desarrolla una vida, se forma un ser humano. Tuvimos el privilegio de colaborar en este programa de desarrollo social. Nuestra tarea consistía en darle un perfil a los aspectos humanos de la formación: autoestima, motivación y aprendizaje efectivo.

El primer día de nuestra intervención trabajamos sobre el que sería nuestro eje: nada más y nada menos que la confianza. Desde allí edificamos los cuatro pilares de la autoestima:

- Cómo construir seguridad: la importancia de las reglas de juego.

- Cómo construir identidad: conocer nuestros talentos y nuestros espacios de aprendizaje.
- Cómo construir pertenencia: saber cómo actuar como parte de un equipo.
- Cómo construir los sentidos de propósito y de competencia: establecer metas y objetivos, ¡y celebrarlos!

Como parte de la construcción del sentido de pertenencia, les propusimos a los jóvenes una actividad de reconocimiento efectivo, una experiencia que les iba a abrir la mente y el corazón y que los pondría en contacto con lo mejor de sí mismos. Felipe se ofreció como voluntario para ser *rey por un día*.

Le pedimos que nos esperase fuera del recinto. Mientras tanto, sin que él se enterara, volcamos una lluvia de ideas sobre las cualidades positivas de Felipe. Al cabo de unos minutos, lo invitamos a regresar a la sala. Una formación en círculo lo esperaba para recibirlo con honores de rey. No faltaron la música ni la capa ni la corona. La maestra de ceremonias —Florencia— le explicó que él era nuestro rey y que queríamos honrarlo, reconociendo las cosas buenas que veíamos en él. Uno a uno, sus amigos y compañeros le fueron diciendo, con palabras breves pero auténticas, todo lo positivo que veían en él... Y no sólo se lo dijeron, sino que le dieron una hoja en donde estaba el reconocimiento por escrito: «Eres muy solidario», «Siempre ayudas a los demás», «Eres muy responsable», «Siempre sonríes»... Mientras Felipe leía, todos los presentes empezamos a ver que su cara se transformaba como quien acaba de hacer un gran descubrimiento. Al cabo de unos minutos, levantó su vista del diploma y con la emoción apretando su garganta dijo: «¿Cómo puedo agradecerles? Ustedes no saben lo que esto significa para mí... Nunca nadie me había dicho todo esto bueno de mí. Voy a llevar este papel a mi casa, se lo voy a mostrar a mis padres. ¡Lo voy a guardar para siempre!»

Estamos seguras de que Felipe y el resto de sus compañeros recordarán por siempre aquel día. Como suele señalarse, podrán olvidar lo que les dijeron, pero siempre recordarán cómo los hicieron sentir. De eso se trata el poder del reconocimiento efectivo.

> *Puedo vivir durante dos meses de un buen reconocimiento.*
> Mark Twain

El reconocimiento es poderoso: energiza tanto al que lo expresa como al que lo recibe. Nos completa: hay cosas que no sabemos de nosotros mismos, a menos que alguien nos lo diga. El reconocimiento nos equilibra: como estamos acostumbrados a centrarnos en lo malo, lo bueno lo damos por sentado. Un buen reconocimiento es un gesto de gratitud muy valorado. Como dijo Gertrude Stein, a nadie le sirve de mucho la gratitud silenciosa. Sin embargo, no solemos reconocernos a nosotros mismos. Desde que empezamos a formar parte del sistema educativo, hay un énfasis mucho mayor en destacar los errores que los aciertos. ¿Será por eso que también nos cuesta reconocer a los demás?

## ¿Por qué no reconocemos a los demás?

Unos años atrás, el editor en jefe de la revista *Fortune* se solazaba en decir que jamás había que reconocer a nadie. Cuando le preguntaron por qué no, contestó: «La gente que es buena sabe que es buena. No necesitan escucharlo». Sin embargo, en el libro *The Carrot Prin-*

*ciple*, los consultores Adrian Gostick y Chester Elton explican que la gente trabaja con mucho más entusiasmo con un jefe apreciativo. Citan el estudio que se realizó a 200.000 ejecutivos durante un período de diez años, y se encontró que las empresas que fomentan la cultura del reconocimiento y el agradecimiento tienen ganancias muy superiores a las que no lo practican. Evidentemente, las personas sí necesitan escucharlo. Entonces... ¿por qué no reconocemos como corresponde a los demás?

- Porque no nos reconocemos a nosotros mismos. «¿Reconocernos? ¿Qué es eso?» Como vimos en el capítulo de los pensamientos, una de las mayores necesidades humanas es la de autorreconocimiento; si no lo tenemos, se convierte en uno de los grandes obstáculos para sentirnos merecedores de alcanzar nuestras metas. Y, por supuesto, puede afectar el modo en el que reconocemos a los demás.
- Por la creencia errónea de que, si reconocemos a las personas, van a vanagloriarse. «Si le digo todo lo bueno que es, me va a pedir un aumento de sueldo.»
- Por no saber cómo hacerlo. A veces se piensa que es algo muy complicado o que puede llevar mucho tiempo, y entonces, bajo ese pretexto, no lo hacen. Sin embargo, puede marcar una enorme diferencia una breve nota manuscrita que simplemente diga: «Felicitaciones por tu desempeño en la reunión que mantuviste con el cliente» o una llamada telefónica a una amiga para decirle: «Gracias por invitarnos a comer anoche, la comida fue exquisita y nos hiciste pasar un muy lindo momento».
- Por creer que no es algo muy importante o necesario y que, de todas maneras, la otra persona ya lo sabe.

### ¿Cuáles son las claves del reconocimiento efectivo?

Hay quienes, aun con buena intención, no logran que su reconocimiento sea efectivo. Un «gracias por todo» o «buen trabajo» puede no ser suficiente. Para que el reconocimiento tenga efecto, debe cumplir ciertos requisitos:

- Tiene que ser merecido, es decir, verdadero; no inventado ni exagerado; ni para quedar bien, ni para manipular.
- Tiene que ser inmediato, lo más cercano posible al hecho que lo motiva, y centrado en la acción, en lo que la persona hizo: «*Este informe es* una maravilla» en lugar de «*Tú eres* una maravilla».
- Individual. Aunque sea un trabajo en equipo, es importante hablarle a cada una de las personas, llamarlas por su nombre.
- Específico, que describa qué es lo que motiva el reconocimiento; se debe señalar hechos, conductas o actividades puntuales.
- Sostenido: no basta con hacerlo una vez al año, sino todas las veces que sean posibles.
- Espontáneo: expresar la admiración con la mayor naturalidad, sin miedo, sin vergüenza, con emoción. «Lo que hiciste significó mucho para mí.»

## Conversaciones efectivas

Sin duda, una buena conversación depende tanto del que habla (el emisor) como del que escucha (el receptor). Una buena comunicación deriva del buen desarrollo de las habilidades de hablar y de escuchar que tengan ambos.

Comencemos por la escucha, que suele ser la habilidad menos

trabajada. A menos que tengamos una discapacidad, quienes podemos oír bien solemos pensar que eso nos habilita para escuchar a los otros de manera óptima. Y esto no siempre es así...

**La escucha efectiva**

¿Qué es la escucha? A diferencia del *oír*, que es un acto biológico, *escuchar* es un acto interpretativo. Ilustremos la diferencia. En compañía de alguien, por un instante, cierren los ojos y presten atención a los sonidos ambientales. Luego abran los ojos y escríbanlos en un papel, y comparen las respectivas notas. Con seguridad verán que, aunque no hayan oído exactamente los mismos sonidos, la mayoría sí serán los mismos. Ahora les propongo que escuchen un diálogo en la radio o en la televisión, y luego pongan por escrito las principales cosas que se dijeron. Verán que, en este caso, hay muchas más diferencias de opinión. «Eso no se dijo», «Yo eso no lo escuché», «Yo escuché otra cosa».

¿Por qué sucede esta disparidad? Porque el escuchar es un acto donde interviene la interpretación, escuchamos lo que, de alguna manera, estamos predispuestos a escuchar, y esto es personal. Saberlo nos sirve para darnos cuenta, como dijimos al inicio, de que escuchar es más que oír, y escuchar es una habilidad que necesita y merece ser desarrollada. En nuestros seminarios solemos hacer un ejercicio que consiste en escuchar a otra persona hablar durante un minuto, sin interrumpir, sin opinar, sin hacer otra cosa, justamente, que escuchar. ¡Suele ser un enorme desafío para casi todos!

¿Qué hace falta para tener una buena escucha? En primer lugar hace falta tener una buena predisposición, una apertura física, mental y emocional. Los expertos en comunicación señalan que tener una distancia equivalente al largo de un brazo sería lo más favorable. También aseguran que la apertura mental se puede lograr manteniendo una postura corporal abierta, es decir, evitar tener los brazos o las piernas cruzadas. Y en lo posible estar en un lugar que favorezca la conversación. También hace falta tener una actitud de respeto mutuo para reconocer y aceptar las diferencias.

Rafael Echeverría explica que una de las grandes dificultades de la escucha es que damos por sentado que lo que escuchamos es lo que se dijo, y suponemos que lo que decimos es lo que las personas van a escuchar. Lo que hace falta entonces es tener en claro, desde el inicio, que la escucha no termina en el acto de oír, sino que a eso se agrega la interpretación personal, origen de muchas de nuestras diferencias y malos entendidos.

Detengámonos en algunos otros factores que favorecen la escucha:

- Hacer preguntas, formular preguntas sobre lo dicho: «¿Qué quiere decir que será un año difícil? ¿Me podrías dar un ejemplo?»
- Verificar con preguntas para entender mejor, para aclarar supuestos: «¿Lo que has dicho quiere decir que…?» «¿Lo que estoy escuchando implica que…?»
- Observar los mensajes verbales y los no verbales, estar atento tanto a las palabras como a la actitud corporal de la otra persona. El lenguaje de los gestos puede decir más que las palabras.
- Escuchar con empatía, poder ponerse en el lugar del otro, para comprender mejor su punto de vista.
- Escuchar con paciencia. Hay personas que tardan más que otras en elaborar sus pensamientos y expresarlos en forma oral. Darles tiempo, evitar completar la frase por el otro.
- Ir al encuentro con ganas de aprender del otro y evitar cualquier pensamiento descalificador.
- Evitar pensar que ya sabemos todo lo que el otro nos va a decir. ¡En verdad no lo sabemos!

- Y, de igual manera, evitar estar ensayando mentalmente la conversación que tendremos, las respuestas posibles, pues eso nos aleja del la persona y nos impide vivir ese momento con plenitud.

Tal vez, una de las cosas que más ayude a la escucha efectiva sea ir al encuentro sabiendo que es un momento único, que no se repetirá. Estar presentes, conectados, interesados en lo que el otro tiene para decirme. Como dijo Martin Buber, «pese a todas las similitudes, cada situación de la vida es como el recién nacido, tiene un nuevo rostro que no había aparecido ni volverá a aparecer jamás. Exige, pues, una manera de actuar que no puede preverse de antemano».

La escucha, como todas las habilidades de las que estamos hablando en este libro, requiere de una intención auténtica para generar confianza. Escuchar a otros no es simplemente permanecer en silencio, sino poder volver sobre lo que la otra persona dijo, y tomar acciones que reflejen que hemos escuchado de verdad. Esto construye la confianza. Cuando, por el contrario, percibimos que alguien pareciera estar escuchándonos pero no lo está, la confianza cae.

Recuerdo el caso de un cliente que diligentemente había aprendido todas las técnicas de la escucha efectiva: sabía la importancia de hacer silencio cuando su interlocutor hablaba, de no interrumpir, y de retomar parte de sus palabras transformándolas en preguntas. Usaba las técnicas porque a corto plazo le daban muy buenos resultados con su equipo de trabajo, pero no había hecho un cambio genuino en su interior. Un ejemplo de esto eran sus sesiones de *feedback*, en las que animaba a sus colaboradores a que le dieran ideas para mejorar su manera de trabajar. Las personas se sentían escuchadas, pero por poco tiempo, pues pronto notaban que aun cuando en reiteradas ocasiones varios de ellos señalaban algo para cambiar, esta persona terminaba haciendo lo que siempre había hecho: su voluntad. Y aunque parecía que los escuchaba, en realidad era una estrategia para que ellos sintieran que participaban en la toma de decisiones, pero la regla no dicha era: «Ustedes den su opinión, yo los escucho, pero igual voy a hacer todo lo que ya tenía en mente». En su equipo empezó a instalarse una sensación de pérdida de tiempo en estas sesiones y, sobre todo, empezaron a perder la confianza en él.

Cuando las técnicas no van acompañadas de un interés genuino por los demás, en algún momento la máscara cae, el decorado se desarma. La postura que no se sostiene en el tiempo y, en general, las situaciones desafiantes hacen aflorar las verdaderas intenciones. En definitiva, es inútil usar nuevas técnicas sin hacer cambios interiores de conciencia, porque esto va en detrimento de la confianza que los demás sienten hacia nosotros y, al final del día, de la imagen que tenemos de nosotros mismos.

### Conversaciones difíciles: los siete pasos

Como el otro elemento importante de la comunicación es el receptor, lo que a veces más nos cuesta es prepararnos para una conversación difícil. Desde el *coaching* se ofrece una solución bastante práctica para atravesar con el viento a favor ese tipo de experiencias, a las que llamamos «conversaciones multinivel».

- Primer paso
  Sentir empatía, ponerse en el lugar del otro pensando en uno mismo. ¿En qué oportunidad hice yo algo parecido? ¿Cómo me sentí? ¿Qué me despierta esa emoción? Esto nos ayuda a interrumpir esa cadena de juicios automáticos que solemos tener, en especial cuando estamos enojados con alguien. También nos ayuda a imaginar qué nos gustaría que nos dijeran a nosotros si fuésemos el receptor de ese mensaje.

- Segundo paso
Poner a nuestro interlocutor en contexto, antes de empezar a hablar puntualmente de aquello que nos molesta, enoja, preocupa. Esto implica expresarle a la otra persona lo que nos mueve a hablarle. Por ejemplo, decirle: «Quiero conversar contigo sobre un tema que me preocupa. Para mí la empresa es muy importante y la imagen que damos a los clientes también, y por sobre todo, me importa nuestra relación de trabajo aquí en la oficina y quiero cuidarla. Mi intención es conversar para que podamos mejorar». A su vez, puedo preguntarme qué quiero lograr con esa conversación, cómo me quiero sentir, cuál es el mejor momento y lugar para tenerla.

- Tercer paso
Empezar la conversación señalando hechos, y no opiniones. Las opiniones, en especial cuando indican algo negativo o mejorable, pueden cerrar a la otra persona, ponerla a la defensiva. Por eso, es importante comenzar haciendo observaciones concretas. El propósito es devolverle a la otra persona una foto instantánea de su accionar, desprovista de toda adjetivación innecesaria. En lugar de decir: «Eres un impuntual» o «Siempre llegas tarde», expresar: «Observo que en la última semana has llegado tarde cuatro veces».

- Cuarto paso
Una vez que se ofrecieron los hechos que sustentan nuestra apreciación, expresar nuestras opiniones: «Cuando yo observo que llegas tarde, pienso que estás comprometiendo la tarea, pues hay clientes que llaman por teléfono temprano y no hay quien los atienda».

- Quinto paso

    Expresar también nuestras emociones: «Cuando eso sucede, me enojo».

- Sexto paso

    Exponer claramente cuál es nuestro deseo: «Lo que quiero que suceda es que los clientes confíen en nosotros, que sepan que los vamos a atender, y además que tú y yo podamos usar nuestra energía creativa para atraer más clientes, en lugar de tener estas escaramuzas».

- Séptimo paso

    Hacer el pedido que se deriva de nuestra observación de los hechos, nuestra opinión y nuestro deseo de cambio: «Por eso te pido que nos pongamos de acuerdo con respecto al horario» o «¿Es posible para ti llegar todos los días a las ocho treinta o prefieres que pongamos el horario de atención al público a partir de las nueve, y compensamos esa media hora a la salida?»

A partir del ejemplo presentado en «los siete pasos» anteriores, veamos cómo organizaríamos nuestras palabras para tratar de solucionar ese conflicto. ¿Cómo podríamos, entonces plantearle a la otra persona nuestro disgusto, opinión y voluntad de resolución?

Quiero hablar contigo de un tema importante para mí, mi intención es que podamos seguir mejorando y hay algo puntual que he observado últimamente y que puede ayudarnos como equipo. Cuando observo que en la última semana has llegado cuatro veces tarde a la oficina, pienso que se está perjudicando la relación con los clientes y la nuestra también, y me siento enojado. Lo que yo quiero que suceda es que los clientes confíen en nosotros y se sientan respetados, entonces te pido que, si es posible, llegues a las 8.30 como teníamos acordado o, si prefieres, que cambiemos el horario de atención al público para las nueve, y luego compensamos esa media hora a la salida.

Este proceso puede parecer largo pero, en realidad, es sencillo; son unas pocas palabras que, si están bien dichas y dentro de un correcto contexto, es bastante probable que den buen resultado.

## El efecto de las palabras

Por más minúsculas o poco importantes que parezcan ciertas palabras, sin embargo hay algunas que abren mejores posibilidades de conexión con nuestro receptor y otras palabras que la entorpecen o directamente la cierran. Es el caso de recurrir a dos términos que connotan posiciones muy diferentes por parte de quien habla: «pero» e «y». La palabra «pero» introduce una oposición, una adversidad, abre una crítica o restricción. En cambio, el término «y» convoca a la unión, a la coexistencia de ideas, a la inclusión. Observemos la diferencia entre expresar: «Este trabajo es muy bueno *pero* estaría mejor si le agregas la bibliografía», a decir «Este trabajo es muy bueno *y* estaría mejor si le agregas la bibliografía». ¡El efecto del «pero» es poco conocido, pero muy negativo! Al decir «pero», de cierta manera, invalidamos lo anterior. Podemos hacer la misma sugerencia u observación utilizando «y», sin invalidar lo positivo que hemos expresado. A mis clientes de *coaching* ejecutivo les sugiero que, desde el primer día, tengan una libretita donde puedan hacer una marca cada vez que se encuentran diciendo «pero». A ese registro lo llamamos *el perómetro*. Se sorprenden mucho al observar la cantidad de veces que lo utilizan.

También es mejor evitar el uso de palabras que denoten obligación: «Tú *deberías* hacer más ejercicio». Es mucho más efectivo para quien escucha que le digamos: «Tú *puedes* hacer más ejercicio». Hace unos años trabajaba como asesora de una organización y observé que el directivo no conseguía los resultados que quería. Casi siempre, después de una conversación de *feedback* con sus colaboradores, se sentía frustrado. Al observar algunas de sus interacciones noté que las palabras que con más frecuencia usaba eran: «deberías», «tendrías que...», etcétera. Además, él hacía propuestas usando un lenguaje negativo: «¿No se te ocurrió hacer...?», «¿Y por qué no tratas de...?» Entonces le señalé que las palabras que denotan obligación no abren posibilidades.

De igual manera, es preferible evitar las frases categóricas como: «Esto es imposible». Digamos en su lugar: «Busquemos alternativas». Otro término que podríamos ir descartando de nuestro archivo de frases es «tratar» y todos sus derivados, pues denota duda y falta de compromiso. En lugar de decir: «Voy a tratar de llegar temprano», es más asertivo proponer: «Haré todo lo que esté a mi alcance por llegar temprano».

Es útil recordar que el lenguaje está cargado de subjetividad y, por lo tanto, depende de nuestras interpretaciones, ya sea que se trate de emitir o recibir un mensaje. Decir, por ejemplo: «Lo que yo entendí que tú dices es...», en lugar de «Lo que tú has dicho es...» seguramente va a aportarle mucha más fluidez a la conversación. En las frases que utilicemos hagámonos cargo de lo que sentimos, desde una postura de responsabilidad total: «Lo que a mí me pasa con lo que tú dices es...», en lugar de «Lo que tú has dicho me hace sentir de tal manera».

> *La diferencia entre la palabra adecuada y la casi correcta es la misma que entre el rayo y la luciérnaga.*
> 
> Mark Twain

### Saber usar las palabras

Las palabras tienen poder y, probablemente, mucho más del que sospechamos. Saber usarlas implica un compromiso con nosotros mismos y con los demás.

Ser íntegros al usar la palabra es la base de la confianza. No tomar las cosas personalmente es comprender que las opiniones no son verdades absolutas y, en general, hablan más del que las emite que del que las recibe.

La palabra es efectiva cuando es dicha con claridad, sin rodeos, para evitar los supuestos que dan tanto lugar a confusiones.

Usar las palabras con gentileza es tan importante con los demás como con nosotros mismos, especialmente cuando estamos haciendo un gran esfuerzo para dar lo mejor de nosotros.

Las palabras pueden ser la mejor recompensa cuando son usadas para ofrecer un reconocimiento efectivo.

Tanto la palabra como la escucha son los dos extremos de una comunicación efectiva.

## PRÁCTICAS

### 1. Algo bueno y algo nuevo

Cuando llegue el momento de dar inicio a una reunión o actividad grupal —ya sea de trabajo con el equipo, una comida familiar o una clase—, recomendamos esta práctica, que puede ser desarrollada en todos los contextos —familia, educación, empresas—. Sólo toma unos minutos, es muy fácil de realizar y los resultados hablan por sí solos. Crear un clima emocional positivo a través de las palabras invita a las personas a abrirse más, a ser más creativas y a tener vínculos más armónicos.

- La actividad consiste en empezar la reunión con una ronda de «algo bueno y algo nuevo». Por turno, cada uno de los presentes completa la siguiente frase: «Algo bueno y algo nuevo que me pasó en la última semana es...»

- Mientras uno habla, los demás escuchan y, una vez que termina de hablar, sin que los demás agreguen ni comenten nada, habla la siguiente persona.

- Así cada persona comparte «algo bueno y algo nuevo» en pocos segundos y en unos pocos minutos todos los presentes habrán logrado usar el poder de las palabras. Habrán escuchado las buenas noticias de los demás y, casi sin proponérselo, habrán creado el mejor clima para dar comienzo a la reunión de trabajo, la comida familiar o la clase.

# 7

# INTELIGENCIA EMOCIONAL Y LIDERAZGO EXTRAORDINARIO

> *Los auténticos líderes no se distinguen por su talento innato o su dominio técnico, sino por su capacidad de inspirar en otros energía, pasión y entusiasmo. Y estos sentimientos se extienden rápidamente en los equipos de trabajo estimulando a los demás.*
>
> GOLEMAN, BOYATZIS, MCKEE

«Liderazgo» es una palabra muy usada, a veces desde una visión algo estrecha, limitada a definir la actividad de directivos de empresas, figuras políticas o capitanes de equipos deportivos. En realidad, todos podemos ser líderes: desde nuestro rol de padres, empresarios, educadores, artistas, políticos y, por sobre todas las cosas, de nuestra propia vida. De eso se trata el liderazgo extraordinario, de movilizar lo mejor de nosotros mismos y de los demás despertando a nuestro líder interior.

## Despertar al líder interior

Ricardo era un militar prestigioso de alto rango. Había dedicado su vida a liderar equipos de trabajo para tareas riesgosas y sentía pasión por su profesión. Recuerdo que al verlo por primera vez me llamó la atención el respeto que emanaba su persona, y también su seriedad. Llegó a nuestro curso buscando herramientas para motivar a sus colaboradores. Lo que no imaginaba era lo que sucedería cerca del final del curso, durante una actividad que llamamos «Honrando al líder que hay en ti».

Cuando llegó su momento de hablar, se puso de pie con su acostumbrado aplomo para describir su objeto de logro. Imaginé que traería alguna de las tantas medallas y condecoraciones que había recibido en su trayectoria. Sin embargo, empezó su relato con las manos vacías, y nos contó:

—Uno de mis momentos de mayor satisfacción personal fue cuando junto con algunos de mis colaboradores decidimos ir a rescatar los cuerpos de unos exploradores que habían caído en una grieta de más de 120 metros de profundidad en la Antártida. Para hacerlo, atravesamos kilómetros de terreno congelado y sin civilización. La travesía duró varios días... De noche dormíamos sobre la nieve, en carpas de las que no podíamos salir, porque los vientos huracanados, literalmente, nos hacían volar. Cuando llegamos a la grieta, nos asomamos y no podíamos ver el fondo, parecía un agujero negro infinito...

A esa altura del relato varios nos preguntábamos qué habría movido a Ricardo a arriesgar su vida para recuperar los cuerpos ya sin vida de personas que no conocía. Entonces tomó del bolsillo su objeto: era una carta de una niña de 8 años. Cuando la compartió con nosotros, entendimos de dónde habían sacado esa fuerza interior que los llevó a dar lo mejor de ellos: «Señor Ricardo, gracias por haberme traído a mi querido papá para que yo me pudiera despedir. Mi mamá, mis hermanos y yo jamás olvidaremos lo que usted hizo por nuestra familia».

El militar de alto rango que había llegado al curso diciendo: «Yo creo que no tengo emociones, o que las he sepultado bajo años de dureza y aislamiento» nos condujo a todos al borde de las lágrimas. En un momento comentó sobre el curso: «Vine a buscar técnicas para motivar a mi equipo y me llevo una sólida confianza en mí mismo y el descubrimiento de un poder que desconocía: el de liderar usando la inteligencia de las emociones». Ricardo se comportaba como un auténtico líder: no porque los demás lo siguieran obedientemente, sino porque había logrado que otras personas dieran lo mejor de sí mismas, movidos todos por una misma causa.

El liderazgo extraordinario, también llamado «resonante» —un concepto acuñado por McKee, Boyatzis y Goleman—, se asienta sobre las competencias de la inteligencia emocional y tiene su fundamento en las informaciones proporcionadas por las más recientes investigaciones de la neurología y de las escuelas de negocios.

Hoy se sabe que los mejores líderes, los extraordinarios, se destacan del resto no por sus habilidades técnicas, sino por su capacidad de encauzar las emociones hacia un rango positivo, lo cual genera resonancia, y por el impulso que les transmiten a las personas de su equipo para que den lo mejor de sí mismas. Como dicen los autores, el liderazgo resonante o extraordinario no está limitado al mundo de las empresas.

> *Sabemos demasiado y sentimos muy poco. Al menos, sentimos muy poco de esas emociones creativas de las que surge una buena vida.*
> BERTRAND RUSSELL

Desde nuestra mirada, un líder es más que una persona que vive la vida desde una postura de responsabilidad: un líder es alguien que tiene poder. «Poder», una palabra que genera controversias porque, al igual que «liderazgo», solemos tener una perspectiva sesgada sobre su significado. Como explica Thich Nhat Hanh, monje budista, orador del Foro Económico en Davos, nominado al Premio Nobel de la Paz por Martin Luther King, creemos que el poder no sólo implica éxito profesional y económico, fama, fuerza física, control político o dominio militar. Aquí nos referimos a otro tipo de poder, uno más grande: el poder interior, el poder de transformación que todos tenemos para ser plenamente felices.

Hanh asegura que, aunque no seamos del todo conscientes, «casi todos nosotros buscamos estar en posiciones de poder porque creemos que el poder nos dará aquello que más deseamos: libertad y felicidad... Desear poder, fama y riqueza no es algo malo, pero deberíamos saber que si buscamos estas cosas es porque deseamos ser felices. Si somos ricos y poderosos pero no somos felices, ¿qué sentido tiene ser rico y poderoso?» Si trabajamos para dar lo mejor a nuestra familia, pero luego no tenemos tiempo para disfrutar de esa casa más grande que finalmente logramos comprar; si cumplir con metas y objetivos, en pos de progresar, nos deja sin tiempo para cultivar nuestro espíritu; si al conversar con un hijo tenemos una conversación interna que gira en torno a nuestras preocupaciones financieras, ¿de qué felicidad estamos hablando?

Para acercarnos a la médula de este tema, deberíamos poder responder la siguiente pregunta: ¿es posible alcanzar grandes logros profesionales, poder económico y, a la vez, felicidad? Thich Nhat Hanh sostiene que sí, que se puede «tener éxito profesional, tener poder mundano y ser feliz al mismo tiempo». Al pensar en esta afirmación nos preguntamos: ¿conocemos a algún líder que haya podido conjugar éxito, poder, espiritualidad y felicidad? ¡Claro! De inmediato Florencia pensó en su abuelo.

La vida de Rubén Andrés nos recuerda que es posible lograr ese equilibrio. Un hombre que logró el éxito económico, el poder terrenal y la elevación espiritual. Un empresario reconocido que tuvo tiempo para amar a su esposa durante más de 60 años, para acompañar a sus hijos en cada momento de sus vidas, para llevar a sus nietos a conocer el mundo y para ser un fiel servidor de Dios. Un hombre movido por el amor, que invirtió en los negocios y también en la amistad. Que aprendió a trabajar y a disfrutar. Que supo cómo crear riquezas, sin olvidar que el verdadero tesoro es un espíritu pleno. Que comprendió cómo organizar negocios sólidos, sin olvidar que la mayor fortaleza reside en nuestra relación con Dios. Un abuelo que habla poco y enseña mucho: «No se cansen nunca de hacer el bien», les repite a sus nietos. Un amante de la naturaleza que, junto a su mujer Delia, hace que miles de niños pobres conozcan el mar y a su Creador. Una persona exitosa y auténtica, conocido por sus obras y, fundamentalmente, reconocido por el amor que puso en cada una de ellas. Un hombre que ha caminado 90 años con los pies en la tierra y la mirada en el Cielo y que, a su paso, emana esa paz interior que sólo tienen quienes han vivido la vida dando lo mejor de sí, en cada tramo de un camino elegido con el corazón.

*Alegría y amor son las alas de las grandes empresas.*

GOETHE

## Las premisas falsas del liderazgo

Descubrí la teoría del liderazgo resonante en la ya mencionada Cumbre de IE de Holanda, en 2005, que reunió a una audiencia de personas de 39 países. Entre los cuatro oradores principales estaban la doctora Annie McKee, experta en consultoría empresarial, y el doctor Peter Salovey, decano de la Universidad de Yale. Daniel Goleman, doctor en psicología clínica de la Universidad de Harvard y autor del libro *Inteligencia emocional,* fue invitado a dar la conferencia de apertura, y yo tuve el honor de dar la conferencia de cierre.

Todas las ponencias me resultaron interesantes, y la que más me impactó fue la de «las tres premisas falsas del liderazgo», me movilizó mucho porque mostró, desde una perspectiva refrendada por recientes hallazgos de las neurociencias y por las escuelas de negocios de mayor renombre mundial, cuestiones que tenían una aplicación directa en mi vida diaria y en la de mis clientes, amigos y familiares.

### Primera premisa falsa: «Las emociones no importan»

El antiguo paradigma del liderazgo sostenía que las emociones no eran importantes. Se pensaba, incluso, que podían ser peligrosas y, como ya señalamos en el capítulo correspondiente, que expresarlas era producto de la inmadurez. Por eso los buenos líderes eran quienes podían dejar las emociones de lado. Un paradigma que todavía existe en muchas organizaciones…

Sin embargo, en la actualidad hay datos de la ciencia que afirman un hecho irrefutable: las emociones no sólo son importantes, ¡sino que son contagiosas! Esto, que quizás antes se sabía a nivel intuitivo, hoy está explicado por la investigación científica: el centro emocional de nuestro cerebro está diseñado como un «bucle abierto», para regular y ser regulado por las emociones de quienes nos rodean. Así lo explican Boyatzis, Goleman y McKee: «Mientras que los sistemas cerrados como el circulatorio, por ejemplo, son autorregulados e independientes del sistema circulatorio de las personas que nos rodean, los sistemas abiertos se hallan en gran medida condicionados externamente». Somos seres sociales, creados para convivir con otras personas, y el diseño de nuestro cerebro lo demuestra. ¿Será por eso que en la antigüedad uno de los peores castigos que podía recibir un hombre era ser condenado al destierro?

Nuestro cerebro, como ya hemos visto, emite ondas que contagian a otros nuestras emociones, aun sin que digamos una sola palabra. Esto es algo tan arraigado en nosotros que funciona de manera inconsciente. Todos contagiamos emociones. Cuanto más intensas son, más rápido se contagian, y está demostrado que quienes más contagian sus emociones son los líderes, pues son las personas a las que los demás miran constantemente, a quienes se acude en caso de desafío y de toma de decisiones.

«En pocas palabras, el estado emocional y las acciones de los líderes influyen muy directamente en el modo en que se sienten los empleados y, en consecuencia, determinan su rendimiento. El modo, por tanto, en que el líder gestiona sus estados de ánimo no es una cuestión estrictamente privada, puesto que su influencia directa en el estado de ánimo de sus subordinados lo convierte en un factor esencial del funcionamiento de una empresa», explican los autores de *El líder resonante crea más*.

Esta información no pretende ser una señal de alarma para que empecemos a temerles a las personas con las que convivimos o trabajamos. Por el contrario, es para tomar conciencia de que cada uno puede contagiar a otros las emociones que quiera. Uno puede convertirse en líder de los demás, aun sin ser el líder oficial, y encauzar las emociones hacia un rango positivo.

El quiebre político, económico y social que se produjo en la Argentina durante 2001 —considerado como «la gran depresión argentina»— hizo que en dos semanas el país tuviera cinco presidentes sucesivos, que el país se declarara en default y que muchas personas perdieran los ahorros de toda una vida. El estado de ánimo generalizado era de enojo, tristeza y desesperación. No se hablaba de otra cosa que no fuera de la crisis, del miedo y de la falta de confianza en que la situación fuera a cambiar… Hasta que en medio de la angustia nacional alguien se animó a encender una luz. Se dice que, cuanto más densa es la oscuridad, mayor es el impacto de una vela, y así fue cómo el cantautor Diego Torres, desde un lugar de empatía, se puso en acción para hacer lo que nadie creía posible: dar optimismo a los argentinos. Recordemos que el optimista no es un ser ingenuo que no entiende la dimensión de una crisis, sino aquel que, de cara a la oscuridad, se imagina la luz al final del túnel y empieza a caminar hacia allí.

Diego Torres compuso el tema *Color esperanza*, una canción que pronto se convertiría en el «himno» cantado en todas las escuelas, hospitales, universidades del país. Fue coreada masivamente en manifestaciones a favor de la paz en diferentes partes del mundo, en la lucha antiterrorista en Colombia, contra la guerra en Irak en España. Fue la canción designada para el cierre de una conferencia internacional de economistas en el Saratoga Institute. Cuando Diego Torres la entonó ante Juan Pablo II y la multitud de fieles, el Papa dijo que era un «himno por la paz». El equipo argentino de rugby Los Pumas reemplazó la *Marcha de San Lorenzo*, la canción que usaban para motivarse antes de los partidos, por ésta, a la que ellos llamaron «el himno a la autoestima».

*Color esperanza* no cambió la realidad política ni económica del país, y no era el rol de Diego Torres hacerlo pues él no es una figura política. Sin embargo, desde su lugar de cantante, hizo todo lo que estaba a su alcance por generar resonancia, es decir, por encauzar las emociones de un país hacia un rango emocional positivo. Y lo logró con creces. Él eligió responder a la crisis con iniciativa, adaptabilidad, empatía, influencia y con actitud de servicio.

> *Hay que escuchar a la cabeza, pero dejar hablar al corazón.*
> Marguerite Yourcenar

¿Qué pasa cuando nosotros, desde nuestro rol, logramos responder así a los momentos difíciles? Si, por ejemplo, en medio de una situación de miedo y de preocupación, un padre de familia se sienta a comer con sus hijos y sólo habla de lo mal que está todo, de lo negro que ve el futuro; si se muestra rígido y pesimista y expresa pensamientos extremistas, sus hijos pronto aprenderán que ésa es la manera de encarar una crisis: con negatividad y pensamientos catastróficos. En cambio, si los hijos ven que su respuesta ante una crisis está guiada por la adaptabilidad y flexibilidad; si perciben que aun en medio de la tormenta su padre puede tener confianza en su habilidad para salir a flote, si observan que a pesar de las preocupaciones puede gestionar el conflicto con creatividad, enfocándose más en las posibles soluciones que en el problema, esos niños aprenderán una manera muy diferente de hacer frente a los conflictos que les presente la vida.

## Segunda premisa falsa: «Ser inteligente alcanza»

Antes de ver si se trata de una premisa falsa, veamos a qué nos estamos refiriendo cuando hablamos de la inteligencia. ¿Cuántas veces decimos: «Este chico es tan inteligente»? ¿Quién no ha caído en la trampa de pensar que la inteligencia es un rasgo de la personalidad que les ha tocado en suerte sólo a algunas personas dichosas y privilegiadas? Pues bien, en la década del ochenta, el investigador Howard Gardner, de la Universidad de Harvard, desterró el concepto de la inteligencia asociado a la destreza que uno pueda demostrar con los números o con las palabras. Quien no era bueno en estos campos antes era considerado poco inteligente. Tras años de investigación con su equipo, Gardner definió la inteligencia en términos de habilidades; todas son importantes de acuerdo con la tarea que se quiera llevar adelante: la inteligencia musical, corporal-cinestésica, espacial, naturalista, lógico-matemática, lingüística, interpersonal e intrapersonal. Entonces ya no podemos decir que alguien es inteligente o no, sino que estamos obligados a precisar en qué campo es inteligente.

También sabemos que en el complejo mundo moderno hay inteligencias que son necesarias en casi todos los campos: ya no alcanza con tener el *know-how* del tema específico, hoy las organizaciones necesitan gente que sepa cooperar y trabajar en equipo, que demuestre flexibilidad y apertura a la innovación. Estas habilidades forman parte de dos de las inteligencias identificadas por Howard Gardner: la inteligencia interpersonal —comprender a los demás y relacionarse con el otro— y la intrapersonal, que está más relacionada con estar en contacto con uno mismo. Estas dos inteligencias forman la base de otro concepto: el de la inteligencia emocional.

¿Qué es la inteligencia emocional?

Es la capacidad de razonar con las emociones, de comprender la información emocional propia y la de los demás, de usar las emociones a nuestro favor. Según datos de Harvard, hoy sabemos que el cociente intelectual sólo explica un 25 por ciento del éxito laboral, el restante 75 por ciento está directamente relacionado con factores de la inteligencia emocional. Son las capacidades actitudinales las que hoy definen el éxito o el fracaso de una persona.

Lo que necesitan las empresas es gente con capacidad de comunicación y de autocontrol y automotivación, con adaptabilidad para sortear obstáculos, con una buena disposición de trabajo en equipo, con una clara tendencia a la resolución de conflictos, con liderazgo inspirado. Todo esto sin descontar, por supuesto, las habilidades más intelectuales de manejo de números, de lectura y escritura. Sin embargo, todavía hay muchos prejuicios con respecto al tema, que provienen, en verdad, de la ignorancia encerrada en algunos mitos.

> *No se puede poseer mayor gobierno que el de uno mismo.*
> LEONARDO DA VINCI

Mitos de la inteligencia emocional

Uno de los más conocidos mitos es el que dice que tener inteligencia emocional es ser sólo amable, y que en los trabajos se necesita gente que pueda ser dura. En verdad, la inteligencia emocional no tiene que ver con ser cordial o con complacer a los demás, sino con la adecuada gestión de los conflictos, con la motivación al logro, con la conciencia de lo que la organización necesita. Otro de los errores comunes es creer que tener inteligencia emocional significa dar rienda suelta a las emociones; muy por el contrario, implica tener un saludable autocontrol emocional. Saber usar las emociones a favor y no en contra y regular las emociones para expresarlas adecuadamente es la esencia de la inteligencia emocional.

También se cree que las mujeres son emocionalmente más competentes. Lo que sucede es que la sociedad occidental les ha permitido a las mujeres expresar sus emociones con más facilidad, pero esto no quiere decir que tengan una mayor inteligencia emocional que los hombres, ya que varias investigaciones han demostrado que, en promedio, éstos demuestran tener más confianza en sí mismos y más optimismo. Las mujeres tienen mayor capacidad para demostrar empatía y más facilidad para relacionarse socialmente; sin embargo, haciendo un análisis estadístico de todos los componentes de la inteligencia emocional, no se han encontrado diferencias que justifiquen decir que la IE está más desarrollada en uno de los dos grupos. Tal vez exista cierto prejuicio en los hombres en trabajar su inteligencia emocional debido al mito que dice que es un terreno primordialmente femenino, pero esto cambia cuando los hombres entienden que, al desarrollar sus capacidades emocionales, aumentan sus posibilidades de éxito y de tener una vida más equilibrada. Un dato que impacta a los varones es saber que la inteligencia emocional es la base —del 85 al 90 por ciento— de las diferencias existentes entre los líderes sobresalientes y los simplemente normales.

Otro de los errores comunes es creer que la inteligencia emocional es algo innato o que es el privilegio de algunos que tuvieron la suerte de vivir en una familia o una cultura donde se expresaban las emociones y que, por lo tanto, quienes carecieron de ello ya no tienen esperanza de adquirirla. En realidad, la inteligencia emocional no sólo puede desarrollarse a lo largo de la vida, sino que se ha comprobado que puede crecer a medida que transcurren los años. Por lo tanto, no es una capacidad innata, sino que es mayormente aprendida.

### Aprender a desarrollar la inteligencia emocional

Peter Salovey explica que la inteligencia emocional es lo que nos permite percibir y expresar una emoción, usar la emoción para guiar nuestro pensamiento, comprender la información que nos dan las emociones y aprender a regularlas para promover el crecimiento y la comprensión. En la década del noventa, el concepto de inteligencia emocional hizo explosión en el mundo y fue especialmente bien recibido en el campo del *management*, porque se comprobó que es clave para el liderazgo.

Veamos el modelo de Daniel Goleman, que resulta muy práctico a la hora de querer desarrollar la inteligencia emocional. Consiste en dos grandes dimensiones: la personal y la social. Dentro de la dimensión personal presenta dos grandes áreas: una relacionada con lo que observamos a nivel emocional en nosotros mismos, y otra que tiene que ver con aquello que hacemos a nivel emocional a partir de lo que sentimos. La llamada «autoconciencia» es el área de lo que vemos, en el dominio personal. Se relaciona con la conciencia y valoración de uno mismo, con la confianza en uno mismo. Ésta es la puerta de entrada para el desarrollo de la inteligencia emocional: sin autoconciencia no puede haber desarrollo emocional.

Continuando con el dominio personal, desde la perspectiva de lo que hacemos a nivel emocional, llegamos al «área de autogestión», que no es sino cómo usamos las emociones para guiarnos y conducirnos en la vida. Dentro de la autogestión, encontramos habilidades como el autocontrol emocional, la transparencia, la adaptabilidad, la motivación al logro, la iniciativa, el optimismo. Como dijimos antes, todas estas habilidades son muy necesarias tanto para el trabajo como para la vida.

**DOMINIO PERSONAL**

**Autoconciencia**
Conciencia de uno mismo
Valoración de uno mismo
Confianza en uno mismo

**Autogestión**
Autocontrol
Transparencia
Adaptabilidad
Motivación al logro
Iniciativa
Optimismo

Goleman distingue dos áreas en el dominio social: aquello que observamos en relación con lo que sienten los demás —«conciencia social»— y lo que hacemos a nivel emocional con y por los demás —la gestión de las relaciones—. Dentro de la conciencia social está la empatía, que es considerada la más importante de todas las habilidades de la inteligencia emocional y que consiste en la capacidad de ponerse en el lugar del otro, en la piel del otro; la conciencia de la organización, que nos permite entender lo que una institución necesita, y el servicio, una habilidad que se traduce en una actitud que marca una enorme diferencia en la vida de las personas y de las organizaciones.

Por último, dentro del dominio social, se encuentra el área de la gestión de las relaciones. Ésta es el área más claramente conectada con el rol del liderazgo resonante o extraordinario, ya que comprende las habilidades que tienen que ver con la inspiración, la influencia, el desarrollo de los demás, la canalización de cambio, la gestión de los conflictos, y la creación de vínculos cooperativos para formar buenos equipos de trabajo. Sin embargo, es un área a la que no se puede acceder a menos que las otras estén desarrolladas.

| DOMINIO PERSONAL | DOMINIO SOCIAL |
|---|---|
| **Autoconciencia** | **Conciencia social** |
| Conciencia de uno mismo | Empatía |
| Valoración de uno mismo | Conciencia de la organización |
| Confianza en uno mismo | Servicio |
| **Autogestión** | **Gestión de las relaciones** |
| Autocontrol | Liderazgo inspirado |
| Transparencia | Influencia |
| Adaptabilidad | Desarrollo de los demás |
| Motivación al logro | Catalizador de cambio |
| Iniciativa | Gestión de los conflictos |
| Optimismo | Creación de vínculos cooperativos y trabajo en equipo |

## Oprah Winfrey: una líder extraordinaria

Es la mujer más poderosa de los Estados Unidos, la empresaria número uno. Su fortuna supera los 1.300 millones de dólares. Tiene un programa de televisión hace más de veinte años en el aire —*The Oprah Winfrey Show*—, una revista de amplísima distribución —*O*—, una compañía productora —Harpo Entertainment Group— y un canal de cable —Oxygen media. Es la reina de un imperio multimedia. Al ser la voz más influyente de la opinión pública de su país, cuando ella recomienda un libro, de inmediato se convierte en un best seller, por esa razón su programa es la meca de los autores.

Oprah Winfrey habla a las cámaras y establece una relación personal con cada uno de sus espectadores: son más de quince millones diarios. Si ella ríe, su público lo festeja; si llora, se emocionan. Hay algo que emana de ella que no se reduce a la actuación. Su secreto parece estar en la conexión que tiene consigo misma y con su público, con el cual establece un diálogo sin máscaras.

Sin embargo, su vida no fue siempre así. Su historia es de las más tristes. Ella misma ha contado frente a las cámaras cómo fue su infancia. Nació en 1954 y fue tan pobre que sus vestidos eran de bolsas de papas. No oculta que a los nueve años sufrió abusos sexuales por parte de familiares, que a los 12 estuvo encerrada en un correccional y que a los 14 tuvo un bebé que murió a los pocos días. Este inicio dramático que marcó sus primeros años parece no haber sido un obstáculo para su desarrollo, todo lo contrario. Oprah sabía lo que sentía y usó su tristeza e insatisfacción para imaginar para sí misma una vida mejor. Aunque no siempre estuvo en contacto con sus emociones, hoy reconoce que los peores errores de su vida los hizo cuando se alejó de sí misma: «La mayoría de los errores que he cometido en mi vida estuvieron relacionados con tratar de complacer a los demás», afirma.

Oprah reconoce que lo que le salvó la vida fue su amor por la lectura, que seguramente comenzó de la mano de su abuela, quien le leía la Biblia. Desde su programa promueve con fervor la lectura, y ella sigue siendo una ávida lectora. Oprah contagia valores. Su motivación para alcanzar metas es inspiración para quienes la admiran; su ejemplo crea una resonancia que los anima a tener un rendimiento superior, algo nada común en un programa de televisión.

En pocos años, superando muchos obstáculos, Oprah se convirtió en una celebridad cuyo secreto es, precisamente, no mostrarse como una celebridad, sino como una persona que tiene los mismos problemas que tenemos todos. Oprah no es el icono de la perfección ni se presenta como tal, muestra sus errores y heridas y comparte con el público sus aprendizajes. Se destaca por su empatía: su poder de conexión le da alas a su mensaje, cuando nos dice que realmente podemos diseñar nuestra vida y liberarnos si nos hacemos responsables. Ella irradia optimismo y también sabe que nadie que hace algo importante lo realiza solo pues todos necesitamos del otro.

Oprah sirve a la comunidad afroamericana, a la que dona millones de dólares, y hace unos años se embarcó con alma y vida en el proyecto de fundar una academia de liderazgo para niñas en Sudáfrica, para generar un cambio verdadero y duradero en esa tierra que siente como si fuera propia, un sueño que comparte con Nelson Mandela, a quien ama y admira como a un padre. Y cuando ella muestra sus heridas, lo hace para que otros puedan animarse a transformar su dolor en sabiduría.

**Tercera premisa falsa: «Los líderes deben ser fuertes»**

Cuando enuncio esta premisa en los seminarios, suelo ver caras de desconcierto entre los participantes. «¿Falsa? Esa premisa no es falsa… ¡Es verdad que los líderes deben ser fuertes para resistir presiones! ¡Todos los líderes reciben constantemente presiones!» Sí, la actividad de liderazgo implica hacer frente a presiones y a situaciones de crisis, es cierto. El problema está en que muchos líderes —y recordemos que cuando nos referimos a líderes estamos hablando de personas que se mueven en todos los contextos: una empresa, una familia, un equipo deportivo— manejan estas situaciones poniendo dosis muy altas de energía en la tarea, dando todo de su parte y esto los puede llevar a perder el equilibrio y a caer en lo que McKee llama «el síndrome del sacrificio». Son los mejores líderes, precisamente, los más propensos a caer en este síndrome —los mejores directores de empresas, los mejores padres, los mejores amigos— pues son personas comprometidas, que toman muy en serio sus responsabilidades; son quienes más se preocupan, más se esfuerzan; quienes quieren dar lo mejor de sí mismos sin darse cuenta de que lo están haciendo sin límites y a costa de su integridad física y emocional.

Al dar todo de ellos están activando una bomba interna: el estrés. Los líderes que viven estresados tienen presión arterial ascendente y son mucho más propensos a tener ataques cardíacos; suelen fabricar dosis demasiado altas de adrenalina, noradrenalina y cortisol —las «hormonas del estrés»—, que reducen su inmunología; padecen problemas para dormir y, además, envejecen más rápido. Estar estresados también hace que su nivel de inteligencia emocional baje, especialmente su autoconciencia y su empatía.

Richard Boyatzis, doctor en psicología por la Universidad de Harvard y profesor de conducta organizacional de la Case Western Reserve University, dice que «en condiciones de crisis tenemos estrés agudo, lo que supone subidas y bajadas hormonales que afectan el procesamiento cognitivo. El estrés crónico o agudo hace que la persona pierda acceso a la mayoría de sus circuitos neuronales, dejando de experimentar neurogénesis, que es la generación de nuevo tejido neuronal como adulto. Esto se detiene cuando se está en condiciones de estrés. La capacidad de estar abierto cambia. La visión periférica, que normalmente es de 180 a 270 grados, llega a 30 grados. Lo mismo se ve en la apertura a las emociones o a las ideas. Cuando uno empieza a encerrarse, deja de estar abierto a los cambios que se producen en los clientes, los empleados».

En síntesis, cuando una persona se sacrifica y pierde el equilibrio en su vida, alguien paga el costo: ellos mismos —su salud, su estado de ánimo— y/o quienes los rodean pues pueden empezar a sentir cierto resentimiento hacia los demás: «Yo me sacrifico… ¿y nadie se da cuenta?» ¿Y entonces cómo hace uno para cumplir de manera adecuada con sus obligaciones, sus metas, sus objetivos? ¿Cómo puede uno ser exitoso sin sacrificarse?

La alternativa frente al sacrificio es el esfuerzo. ¿Cuál es la diferencia entre sacrificarse y esforzarse? La etimología de las palabras ya sugiere una gran diferencia. La palabra sacrificio remite a muerte, a entregar la vida por algo. En cambio, la palabra esfuerzo significa, según el Diccionario de la Real Academia Española, «el empleo enérgico del vigor, actividad del ánimo para conseguir algo venciendo dificultades». Asocio el término «esfuerzo» con la expresión «es fuerza». Nosotros hablamos de cambiar el sacrificio apesadumbrado por el «esfuerzo alegre», que nace de conectar la energía que le pongo a algo con el propósito que me mueve a hacerlo. Al tener en mente aquello que me impulsa a actuar —mis sueños— puedo dar cada paso con alegría.

## Cómo cortar con el síndrome del sacrificio

El síndrome del sacrificio se interrumpe con una renovación verdadera que involucre al cuerpo, a la mente y al espíritu; tomando con seriedad esos momentos de renovación y planificándolos con la misma seriedad con que organizamos otros compromisos.

Cada vez más las empresas exitosas conocen los beneficios de incluir ciclos de renovación diaria dentro de sus esquemas de trabajo. Son casos como el de Google, que permite que los empleados vayan a trabajar acompañados de sus perros y en cuyas oficinas se ha recreado el espíritu de un campus universitario con espacios de esparcimiento, mesas de ping pong, jardines, salas de masajes, clases de yoga y pilates, peluquería y un buffet de comidas ricas y saludables. Lo mismo ocurre con el proyecto de Yvon Chouinard, fundador de la empresa Patagonia, que define su filosofía empresarial con una sola frase: «Permitir que mi gente vaya a surfear». Amante de los deportes y habiéndose involucrado casi sin proponérselo en una carrera empresarial, Chouinard conserva al día de hoy un alto grado de empatía con sus empleados y se preocupa genuinamente por su bienestar: sabe que todos los que trabajan allí aman el deporte y por eso permite que vayan a hacer surf cuando las olas son grandes, y no sólo cuando han terminado con todas sus obligaciones laborales. Patagonia, empresa de facturación millonaria, fue una de las primeras en tener una guardería para niños, pues Chouinard quería que sus empleadas pudieran seguir cerca de sus hijos durante las horas de trabajo.

El viejo paradigma del *management* ligaba la productividad con el cliente: primero fue la atención al cliente, luego se habló de la satisfacción del cliente, hasta llegar a la fidelidad al cliente como lo más importante. Hoy, producto de los hallazgos científicos, se sabe que con la satisfacción del cliente no alcanza. El nuevo paradigma pide volver a las raíces: la productividad empieza con la satisfacción y la fidelidad de las personas que integran la empresa; es decir, con la calidad de vida que las personas experimentan en su puesto de trabajo. Una gran porción de esa calidad de vida se explica con lo ya visto acerca del reconocimiento.

De acuerdo con lo publicado en *Harvard Business Review*, «según la reciente investigación, el grado de satisfacción —y en consecuencia, la calidad de la vida laboral— depende fundamentalmente de las emociones que las personas experimenten en sus puestos de trabajo. En este sentido, el porcentaje de tiempo durante el cual los trabajadores experimentan emociones positivas constituye uno de los mejores indicadores del grado de satisfacción laboral». Cuando las personas que conforman una empresa se sienten queridas y valoradas, esto repercute en el cliente y en los resultados: «Un aumento del 1% en el clima laboral va acompañado de un aumento del 2% en los ingresos», afirman los investigadores.

La renovación invita al equilibrio. Recordemos que la vida tiene diferentes áreas —trabajo, carrera, familia, pareja, salud, deporte, amigos, crecimiento personal, nuevos aprendizajes, espiritualidad, servicio, finanzas, tiempo libre— y que todas son importantes. Si dedico demasiado tiempo y energía a una o dos de esas áreas, otras quedarán descuidadas y allí se producirá el desequilibrio. Y, como decíamos, siempre que hay desequilibrio, alguien paga el costo. El líder que no se da permiso para vivir con equilibrio, que no se permite hacer las pausas necesarias, se va a hacer mal a sí mismo y a su equipo. Pueden volverse irritables y demandantes hasta convertirse en líderes tóxicos.

El líder extraordinario tiene conciencia de lo importante que es buscar su propia armonía. Su renovación emocional es fundamental. Cuando en nuestros cursos hablamos de la renovación, solemos mostrar una imagen de una azafata con una máscara de oxígeno y les decimos a los participantes que recuerden el mensaje que se les da a los padres al subir al avión: «En caso de emergencia, primero colóquese la máscara usted y luego colóquela a su hijo». Si yo no me cuido a mí mismo, no podré cuidar a nadie. Como decimos en nuestra película *Confianza Total*, «El amor empieza por mí». Sostener espacios de renovación es mostrar amor por nosotros mismos.

Por eso es importante darnos permiso para nuestro restablecimiento físico, mental, emocional y espiritual. El problema está en que muchas veces nos da culpa dedicar tiempo o recursos para nosotros mismos, quizá porque nos han educado para creer que todo lo que no es trabajo es una pérdida de tiempo. Y sólo nos permitimos una renovación cuando un médico nos da una sentencia: «Empiece a hacer actividad física de manera regular o va a tener un ataque al corazón».

Para evitar el «estrés del poder» del rol del liderazgo en cualquier contexto, los líderes deben aprender a gestionar el ciclo sacrificio-renovación con equilibrio. Un primer paso es tomar conciencia del daño que se hacen a sí mismos y a su entorno. Tomar conciencia de la importancia de cuidar nuestro cuerpo, de comprender nuestras emociones y de cultivar nuestra espiritualidad: todas formas de renovarnos. Luego, establecer un compromiso de renovación personal con una práctica diaria: todos los días tener un momento para renovar nuestro cuerpo y nuestra mente de alguna manera; renovarnos a nivel emocional y espiritual.

Tres conceptos importantes relacionados con la renovación son: la conciencia, la esperanza y la compasión. La conciencia tiene que ver con estar presentes y conectados con lo que nos ocurre, con el autoconocimiento. Y Thich Nhat Hanh, en el libro *El arte del poder*, dice al respecto: «Cuando vivimos sin ser conscientes, nuestra vida con frecuencia se asemeja a un tren fuera de control. Esto es especialmente cierto en lo que se refiere a nuestra vida profesional. Si nuestro trabajo nos consume, no podemos dejar de correr. Cuando sufrimos en nuestra vida personal, también hay sufrimiento en nuestra vida profesional. Y cuando sufrimos en nuestra vida profesional también hay sufrimiento en nuestra vida personal. Volúmenes de trabajos enormes, plazos de entrega poco realistas, condiciones de trabajo difíciles, estrés constante, miedo a que nos despidan; todas estas cosas pueden generar sufrimiento en el trabajo, y este sufrimiento se extiende luego a los demás ámbitos de nuestra vida. Y al parecer, nadie puede ayudarnos. Pero esto no tiene por qué ser así. Si cultivamos nuestro poder espiritual auténtico y vivimos con atención plena nuestras interacciones cotidianas, podemos cambiar por completo la calidad de nuestro trabajo y de nuestra vida laboral».

> *Tenemos que ser el cambio que queremos ver en el mundo.*
> MAHATMA GANDHI

La esperanza es crear una imagen de un futuro posible y mejor. Ese cambio se funda en una actitud: el optimismo. Boyatzis asegura que las personas cambian si descubren el poder del optimismo y de la esperanza, la posibilidad de cuidar a otro. Afirma que «hoy más que nunca necesitamos líderes capaces de crear esperanza, de sintonizar con los demás». Y la compasión puede definirse como una experiencia de cuidado y cariño que empieza también con uno mismo y se traduce en la empatía, el verdadero deseo de comprender la experiencia del otro.

## NO TODO LO QUE BRILLA ES ORO

Los líderes emocionalmente inteligentes son los que mejor motivan e inspiran a los integrantes de su equipo, los que obtienen los mejores beneficios para sí y para su entorno. Sin embargo, para llegar a ser un verdadero líder extraordinario, no sólo es necesario tener bien estudiadas las habilidades que conforman el modelo de inteligencia emocional, sino que hace falta un deseo genuino que surja desde el interior.

Ser un líder extraordinario no es lo mismo que ser alguien carismático. Este tipo de liderazgo tiene que ver con la integridad, la coherencia, la autenticidad. Se trata de estar atento a las propias emociones sabiendo que son contagiosas y, a la vez, mostrarse genuinamente interesado en las emociones de los demás para guiarlas al mejor destino. Cuando la intención que subyace al aprender estas técnicas es manipular a los otros para que simplemente rindan más, esto se percibe pues las máscaras no resisten el paso del tiempo ni las presiones. Cuando las cosas no salen de acuerdo con el plan trazado, si el líder no es auténtico, da lugar al manipulador o al demagogo. Como el oro genuino, el verdadero liderazgo es inalterable.

Si realmente quieres ser un líder extraordinario, tienes que bucear en tu interior, descubrir cuáles son tus intenciones y tus motivaciones profundas. Si quieres generar la empatía genuina, de verdad tienes que ponerte en la piel del otro; si quieres desarrollar tu transparencia, tienes que decir la verdad siempre; si quieres expandir tu optimismo, tienes que ser capaz de imaginar una verdadera salida cuando las cosas salen mal.

Descubre qué es lo que guía tu accionar. Sólo tú puedes saber qué es lo que está adentro de tu corazón. Métete allí y obsérvate. ¿Qué ves?

# PRÁCTICAS

## I. La teoría de las inteligencias múltiples

No hay una sola manera de ser inteligente. Howard Gardner explica que hay diversos tipos de inteligencia para resolver distintos tipos de problemas, y que todas son importantes. Hasta la fecha, Gardner y su equipo del Proyecto Zero de la Universidad de Harvard han identificado ocho tipos:

- Inteligencia lógico-matemática: remite a las destrezas que tienen los científicos. Se utiliza para resolver problemas de lógica y matemáticas. La cultura occidental ha visto esta inteligencia como sinónimo de la *inteligencia*, en conjunto con la lingüística.
- Inteligencia lingüística: ha sido privilegiada por el mundo occidental, junto con la lógico-matemática. Es la que tienen los escritores, los poetas, los buenos redactores.
- Inteligencia espacial: es la inteligencia que tienen los marineros, pilotos, ingenieros, cirujanos, escultores, arquitectos, decoradores y diseñadores.
- Inteligencia musical: disponen de ella sobre todo los cantantes, compositores y músicos.
- Inteligencia corporal-cinestésica: es la capacidad de utilizar el propio cuerpo para realizar actividades o resolver problemas. Es la inteligencia de los deportistas, artesanos, cirujanos y bailarines.
- Inteligencia intrapersonal: permite entenderse a sí mismo y a los demás y conectarse con uno mismo a nivel profundo. Está presente, en especial, en los buenos profesores o terapeutas.

- Inteligencia interpersonal: es aquella que está relacionada con la capacidad de comprender a otras personas y trabajar con ellas desde la empatía. Está muy presente en los buenos políticos, profesores, psicólogos y líderes.
- Inteligencia naturalista: se pone en acción cuando se observa y estudia la naturaleza, especialmente a través del trabajo de los biólogos.

## II. Desarrollar la inteligencia emocional

Aquí ofrecemos nuestra guía de preguntas para cada una de las dieciocho competencias que conforman el modelo de inteligencia emocional, organizadas a partir de cuatro bloques.

Autoconciencia
- Conciencia de uno mismo: ¿Puedo observar e identificar/nombrar mis emociones a medida que se suceden?
- Valoración de uno mismo: ¿Cuánto conozco sobre mis fortalezas y áreas de mejora?
- Confianza en uno mismo: ¿Cuánto confío en mí y en mis capacidades?

Autogestión
- Autocontrol emocional: ¿Puedo regular mis emociones e impulsos conflictivos para obtener un resultado positivo?
- Transparencia: ¿Cuán claro/transparente soy sobre lo que siento y pienso?
- Adaptabilidad: ¿Soy flexible para afrontar cambios y superar obstáculos?
- Motivación al logro: ¿Cuánto me comprometo y me motivo hacia la excelencia?

- Iniciativa en general: ¿Me pongo en acción con prontitud?
- Optimismo: ¿Suelo ver el lado positivo de las cosas?

Conciencia social
- Empatía: ¿Puedo comprender las emociones, el punto de vista de los demás y me intereso en las cosas que les preocupan? Es decir, ¿suelo ponerme en su lugar fácilmente?
- Conciencia de la organización: ¿Estoy atento a cómo funcionan las cosas adentro de la empresa/organización? (las corrientes, las tendencias, las necesidades, las redes en la toma de decisiones).
- Servicio: ¿La mayor parte de las veces soy capaz de reconocer y satisfacer las necesidades de las personas que trabajan conmigo y las de mis clientes?

Gestión de las relaciones
- Liderazgo inspirado: ¿Puedo brindar una visión clara y altamente motivadora e inspiradora?
- Influencia: ¿Utilizo un amplio repertorio de técnicas de motivación?
- Desarrollo de los demás: ¿Puedo dar feedback y reconocimiento?
- Catalizador de cambio: ¿Puedo alentar y encauzar el cambio?
- Gestión de conflictos: ¿Sé negociar y resolver desacuerdos?
- Crear vínculos: ¿Cultivo y mantengo una red de relaciones?
- Trabajo en equipo: ¿Cultivo las relaciones cooperativas y aliento el trabajo en equipo?

# 8

# EL PODER DE LOS SUEÑOS

*Acercaos al borde, les dijo.*
*Tenemos miedo, respondieron.*
*Acercaos al borde, les dijo.*
*Ellos se acercaron, él los empujó…*
*Y ellos volaron.*

Guillaume Apollinaire

Los sueños pueden cambiar el destino de una persona, de una organización y hasta de una nación. A los treinta y cinco años Martin Luther King pronunció su gran discurso «Yo tengo un sueño». Cuando en su país los negros casi no tenían derechos, les quemaban sus casas y sus iglesias, no podían ir a las mismas escuelas que los blancos y ni siquiera subir al mismo autobús, frente a 200.000 personas él testimonió: «Sueño que un día, en las rojas colinas de Georgia, los hijos de los antiguos esclavos y los hijos de los antiguos dueños de esclavos se puedan sentar juntos a la mesa de la hermandad. Sueño que un día esta nación se levantará y vivirá el verdadero significado de su credo, que todos los hombres son iguales. Sueño que mis hijos vivirán en un país donde no serán juzgados por el color de su piel sino por los rasgos de su personalidad». Si bien es cierto que él no llegó a ver realizado su sueño, que en ese momento parecía imposible, ¡su deseo se cumplió!

## Toda meta empieza siendo un sueño

Tener un sueño es una manera de expandirnos, es una oportunidad de descubrir no sólo quiénes somos, sino quiénes podemos llegar a ser. Dicen que los sueños llegan a nosotros en un tamaño a veces demasiado grande, para que podamos crecer dentro de ellos... Eso fue lo que nos pasó a mí y a mi equipo cuando nos propusimos hacer la película *Confianza Total*.

Como solíamos hacer al inicio de cada año, en una de las reuniones de trabajo nos preguntamos qué era lo que realmente queríamos lograr más allá de los cursos y seminarios. Y así surgió la idea, el sueño: llevar el mensaje de la confianza y el poder del amor a cada rincón del mundo. ¿Cómo hacer para que realmente pudiera llegar a todas partes? La respuesta fue: «¡Hagamos una película en DVD!» Una respuesta algo insólita para nosotros, ya que no veníamos del campo de la producción de películas, no teníamos el *know-how* de cómo hacerla, ni experiencia previa, ni conocimientos técnicos... ¡Y así son los sueños, a veces parecen insólitos al principio! Pero, evidentemente, algo resonó con mucha fuerza en nosotros.

No teníamos casi nada de todo lo que se requería formalmente para realizar una película, pero contábamos con algo muy importante: sabíamos cómo construir la confianza en nosotros y en nuestro equipo, cómo vencer los miedos y superar los obstáculos, cómo usar el poder de los pensamientos y de las emociones para acercarnos a nuestros sueños. Sabíamos que, como dice Stravinsky, para crear se necesita de una fuerza dinámica y que no hay fuerza más potente que el amor.

Y así fue como ese sueño algo insólito y «demasiado grande» se transformó en una película que llegó a 30 países del mundo. Un sueño hecho realidad, a través del cual todos los días recibimos correos electrónicos de personas de todas las edades, contextos y culturas. Un sueño que fue ganando alas propias, que nos hizo viajar por varios países. Un sueño hecho película, que hoy está tocando el alma de muchas personas y que dio lugar, además, a la creación de este libro.

## SACAR LO POSITIVO DE LO NEGATIVO

«Este momento lo soñé mil veces», dijo cuando le entregaron uno de sus primeros premios mundiales. Los periodistas querían saber si se sentía sorprendido por ese éxito, ya que al inicio de su carrera no se vislumbraba que fuera a triunfar de esa manera. Había nacido con unas dotes increíbles para patear el balón, pero también con un problema grave en el cartílago de crecimiento, que hizo que, a pesar de su gran habilidad, le negaran la posibilidad de ingresar a las divisiones inferiores del Club Atlético River Plate, de Argentina. Sin embargo, su sueño fue más fuerte que su impedimento físico; su padre consiguió la ayuda de unos familiares que lo apoyaron para iniciar un tratamiento. «La Pulga» —así lo llamaban por su baja estatura— se fue entonces a España con su familia. En una prueba en el Club Barcelona, y con sólo 13 años, deslumbró a todos por su habilidad extraordinaria. El DT no dudó ni un instante y firmó su primer contrato en una simbólica servilleta.

Desde aquel momento su destreza creció sin límite, y hoy «la Pulga» es considerado el jugador de fútbol más grande del mundo. Él asegura que su éxito se debe, justamente, a su altura, porque eso le posibilitó jugar con el balón por abajo. Para decirlo con sus palabras: «¡A veces algo malo se puede transformar en algo bueno!»

¿Qué fue lo que lo sostuvo a Lionel Messi para perseguir su sueño? Seguramente el amor de su familia; por supuesto, su pasión por el fútbol y, sin duda, esa confianza interior que, cuando disponemos de ella, nos permite atravesar cualquier reto. Sin confianza no hay sueños, y sin sueños no hay éxitos... Y esta confianza no la edifican los triunfos en sí mismos, sino ciertas prácticas internas que hacen que se vuelvan posibles.

¿Cómo convertir un sueño en realidad? ¿Basta con fantasear despierto para que lo que deseamos tanto ocurra? ¿Todo empieza y termina en la visualización? ¿O necesitamos de otros «ingredientes» para llegar a buen puerto? Todas estas preguntas pueden ser respondidas a partir de las experiencias concretas de muchas personas que han atravesado con éxito sus grandes y pequeñas empresas y de un conjunto de estrategias que, puestas en acción, contribuyen a concretar nuestros sueños. Nos gustaría compartir cuatro principios que a todo el equipo de Confidence Time Productions nos guiaron y sostuvieron en este camino y que también han sido usados por los grandes soñadores de todos los tiempos: tener un sueño, cultivar la confianza en uno mismo, ponerse en acción y perseverar.

*Hasta que no nos comprometemos hay vacilación, la posibilidad de retroceder, inefectividad. En lo concerniente a todos los actos de iniciativa (y creación) hay una verdad elemental cuya ignorancia mata incontables ideas y espléndidos planes: que en el momento en que nos comprometemos definitivamente, la Providencia da el paso también. Todo tipo de cosas ocurren para ayudarnos que de otra manera nunca hubieran ocurrido. Una corriente de eventos surgidos de la decisión genera a nuestro favor toda clase de incidentes y encuentros impre-*

> *vistos y asistencia material que ningún hombre podría haber soñado jamás que vendría en su ayuda. ¡Aquello que puedes hacer o sueñas que puedes hacer, comiénzalo! La audacia tiene genio, poder y magia.*
>
> Goethe

## Primer principio: tener un sueño

Uno de los principios fundamentales para el éxito es saber lo que queremos. Cuando hablamos de tener un sueño, estamos haciendo referencia a definirlo, centrándonos en positivo, describiendo lo que queremos con detalle, evitando decir lo que no queremos. Puedes empezar por preguntarte qué te hace feliz, qué te apasiona, qué te hace sentir vivo, en qué te destacas. Pensemos que en el inicio de todo gran logro hubo primero un deseo, una intención. Y una actitud: la de ser totalmente responsable de nuestra vida, lo cual implica no quejarse de lo que no hemos logrado o no ha salido como hubiésemos querido, ni tampoco culpar a otros por nuestros resultados. En esta etapa es útil seguir las huellas que algunos grandes soñadores nos han legado.

### La estrategia de Walt Disney: las tres salas

Walt Disney, que en varias ocasiones quebró en los negocios antes de triunfar, fue uno de los grandes soñadores de todos los tiempos. Fue él quien dijo: «Si puedes soñarlo, puedes lograrlo». También dejó algunas claves para hacer realidad los sueños y para transformar nuestros proyectos en éxitos. Su fórmula imbatible era: «Todo lo que necesitas son tres salas: la sala para soñar, la sala para actuar y la sala para evaluar».

La sala para soñar era el lugar donde él trabajaba sobre sus pensamientos y sus emociones, para que desde su mente y su corazón empezara a brotar la fuerza para llevar adelante su sueño. Para lograrlo ponía imágenes de sus futuros proyectos en las paredes, hacía maquetas, y llenaba la sala de objetos que le hicieran sentir emociones positivas. En esa primera sala, según Walt Disney, «hay que soñar a lo grande». La sala para soñar tiene una regla, la más importante de todas: nunca critiques tu sueño. Una de las cosas que mantuvo vivo nuestro sueño al realizar la película *Confianza total* fue tener una actitud de apertura mental positiva durante todo el tiempo de su gestación, especialmente en la primera etapa. Cuando uno empieza a delinear un sueño no corresponde criticar las ideas, pensar en todo lo que puede salir mal o querer tener claro cuál va a ser cada uno de los pasos a dar, sino que es el momento de ir delineando el sueño, para contagiar de entusiasmo a aquellas personas que van a convertirse en nuestro equipo. ¿Qué soñarías hoy tú si supieras que no vas a fracasar?

La segunda, la sala para la acción, remite al lugar donde Walt Disney planificaba cada detalle, y determinaba los pasos que serían necesarios para que el sueño se hiciera realidad. Cuanto más ambicioso es el sueño, más pasos tendremos que dar. Eso es cierto, pero en lugar de contar los pasos —eso puede asustarnos y hacernos retroceder—, te sugiero que pongas los ojos en la meta todo el tiempo, y te imagines cómo te sentirás al alcanzarla. Eso te ayudará a comprometerte, a darte impulso, a organizar tus tiempos, a empezar a conectar tu sueño con la realidad.

La etapa siguiente es la sala para la evaluación, necesaria para observar y apreciar el camino que hemos recorrido. Es el lugar apropiado, que surge en el momento oportuno, en el cual debemos preguntarnos cómo seguiremos adelante, qué haremos para mejorar nuestro proyecto, cómo lo optimizaremos para que realmente resulte exitoso. No se trata de buscar la perfección, sino la excelencia; de procurar alguna mejora que represente más satisfacción con menor desgaste. Es el momento de pedir *feedback*, pues hay cosas que no vemos a menos que otro nos las muestre, sin olvidar que sólo se tratará de una opinión. Por eso, tomemos de lo que nos comenten sólo lo que nos sirva. El *feedback* es convocar la mirada del otro para matizar y agregar otro punto de vista, de ninguna manera es «la verdad».

> *El secreto de mi éxito puede resumirse en cuatro c: curiosidad, constancia, coraje y confianza. De todas, la más importante es la confianza.*
> WALT DISNEY

Toda estrategia tiene sus secretos, esos «consejos útiles» para que funcionen con la menor cantidad de contratiempos. ¿Cuál es en este caso? A menudo, cuando tenemos un sueño, pasamos muy de prisa de la primera sala, la de soñar, a la tercera, la sala para evaluar... ¿Y qué ocurre entonces, cuál es el resultado? ¡Criticamos el sueño casi antes de que haya nacido! Ésa es una forma perfecta de matar un sueño. Por eso mismo... ¡No descartemos ninguna etapa!

### Que la opinión de los otros no te detenga

Monty Roberts tenía una pasión: los caballos. Y un deseo oculto: aprender a adiestrarlos sin usar la violencia. Él sentía en su propio cuerpo el dolor cada vez que su padre usaba el látigo en la doma, una técnica que de vez en cuando también practicaba con él con el propósito de castigarlo. Monty encontraba refugio en la observación de la naturaleza: pasaba horas enteras mirando cómo la yegua disciplinaba a sus potrillos y veía que jamás lo hacía rudamente.

Un día la maestra le propuso a él y al resto de la clase que describieran en una hoja lo que les gustaría hacer cuando fueran grandes. Esa tarde Monty volvió a su casa muy entusiasmado, quería hacer enseguida esa tarea. Estuvo escribiendo durante unas cuantas horas, dando cuenta con precisión de su sueño. Leyó varias veces su texto hasta que lo dejó conforme: había puesto todos los detalles. Describió que tendría 62 hectáreas, que ése sería el lugar donde criaría caballos de raza y que lo haría con métodos no violentos... ¡Ya tenía su sueño listo! Entonces guardó la hoja y se fue a dormir feliz.

Al día siguiente, en la escuela, le presentó su sueño a su maestra. Cuando ella lo leyó, se lo devolvió y le dijo:

—Monty, tienes que cambiar este sueño, pues no es realista. Tu padre es pobre, vives en una caravana y tú nunca llegarás a amasar tamaña fortuna... Si no cambias tu escrito, tendré que aplazarte.

Monty miró la hoja donde había pintado su sueño y sintió que el corazón se le estrujaba con la sola idea de cambiar una coma. Entonces miró fijamente a su maestra, y le dijo con absoluta convicción:

—Señora, conserve usted el aplazo... Yo conservo mi sueño.

Con el correr del tiempo, Monty Roberts se hizo muy famoso y adquirió el apodo de «el hombre que escucha a los caballos», pues inventó una técnica para domarlos de un modo mucho más humano. ¡Y escribió un libro que se transformó en best seller! Hoy es considerado como la persona más prestigiosa en doma no tradicional y pasa sus días en California, en su campo de 62 hectáreas, donde cría caballos de raza. Vive en un lugar exactamente igual al que describió cuando la maestra le preguntó cuál era su sueño.

**Diseñar un sueño**

Tanto la historia de Lionel Messi como la de Monty Roberts nos sirven para comprender que hay dos grandes secretos en la primera etapa que pueden mantener nuestros sueños vivos o matarlos antes de ponernos en acción. Los llamamos respectivamente «los guardianes» y «los ladrones de sueños». Empecemos por este último.

El gran ladrón de sueños en esta primera etapa se esconde tras una pregunta: ¿cómo voy a lograrlo? Y en realidad la primera gran cuestión no es ésa, sino *qué quiero lograr*. Como lo hizo Monty, que puso dedicación en definir su sueño, sin preguntarse cómo iba a concretarlo. Querer saber desde el principio cuáles serán los recursos puede llenarnos de negatividad y paralizarnos. Si en el momento de definir el sueño con mi equipo nos hubiéramos preguntado cómo íbamos a hacer nuestra película, posiblemente no la hubiéramos hecho nunca... Nos hubiera invadido la negatividad y el desaliento, ya que lo único que sí sabíamos era en qué consistía nuestro deseo.

Cuando comenzamos a soñar, nos enfrentamos a lo incierto, a lo desconocido. Muchas veces empezamos a sentirnos inquietos y queremos saber qué va a pasar al final, necesitamos anticipar cómo será todo el recorrido y controlar cada uno de los resultados de antemano. Y la verdad es que no es necesario ver la escalera completa para subir el primer peldaño. Podemos caminar con confianza, abiertos a las oportunidades, sabiendo que un viaje de mil millas empieza con un primer paso. El guardián de sueños en esta primera etapa nos señala que tenemos que caminar con confianza, que cada movimiento nos conducirá hacia el próximo. ¡Recordemos que la Gran Muralla China fue construida colocando un ladrillo por vez!

> *Cuando te pones en marcha para lograr tus metas y sueños, debes darte cuenta de que no todas tus acciones serán perfectas. Cometer errores y evaluar lo que sucede son partes del proceso de lograr, finalmente, lo que te propones.*
>
> JACK CANFIELD

## SEGUNDO PRINCIPIO: TENER CONFIANZA EN UNO MISMO

¿Cuántas veces dudamos de nosotros mismos y pensamos que no vamos a poder, que nos resultará demasiado difícil? Como vimos en el capítulo sobre la autoestima, solemos perder nuestra confianza por la imagen deslucida que tenemos de nosotros mismos, por experiencias dolorosas del pasado, por haber internalizado comentarios negativos de nuestros seres significativos o por otras razones. Sin embargo, como hemos explicado a lo largo del libro, la confianza es algo con lo que todos nacemos, es intrínseca a nuestra naturaleza, por lo tanto podemos recuperarla y así lo hacemos cada vez que atravesamos un reto. Creer en uno mismo es una elección y una actitud de vida que se traduce, entre otras cosas, en sepultar el «no puedo».

### Podemos hacer mucho más de lo que nos imaginamos

Aquel 15 de septiembre del 1987 fue un día que permanecerá para siempre en su memoria. Fue elegido para cantar frente a Juan Pablo II: eligió el tema *Never be the Same*, acompañado por su guitarra. Los acordes de Tony no son simples melodías, son magia pura: le salen del alma. Y la gran maravilla es que los produce con los dedos de los pies, ya que Tony no tiene brazos. Cuando su madre estaba embarazada, tomó por indicación médica un medicamento —talidomide— para calmar las náuseas, pero los efectos secundarios fueron muy graves. Tony nació sin brazos, igual que otros bebés de esa época.

Creció soportando las burlas de otros niños que se reían de él y luego le costó mucho formar pareja, porque las mujeres no se sentían atraídas por él. Pero hubo algo muy inspirador en su vida: observar cómo su padre tocaba la guitarra, lo que le despertó el deseo profundo de hacer lo mismo. El día que su padre lo invitó a hacer música con él, Tony no le dijo que no podía. Se sentó a su lado y empezó a tocar las cuerdas con los dedos de sus pies. ¡Y aprendió a interpretar todo lo que se propuso! Decidió creer en sí mismo todos los días.

Cada uno de sus actos es la prueba irrefutable de que se puede lograr aquello que uno desea fervientemente. Él afirma: «Cuando usted crea que algo que quiere hacer es imposible, mírese las manos, y piense que todo se puede». Y desde que dio el primer paso para superar el impedimento de no tener brazos, su carrera no se detuvo jamás. Además Tony se casó y formó una hermosa familia. Tiene dos hijas adoptivas y viaja por el mundo animando a otros a darse cuenta de que creer en uno mismo es, por sobre todas las cosas, una actitud de vida.

> *Si escuchas una voz en tu interior que te dice que no puedes pintar, pinta. ¡Y esa voz se acallará!*
>
> VINCENT VAN GOGH

## No te autolimites

Nathaniel Branden nos habla de la importancia de la práctica de vivir con determinación, que es lo opuesto a vivir a la deriva. Cuando elegimos creer en nosotros mismos, nos adueñamos de nuestra vida, y algo maravilloso sucede: dejamos de vivir dependiendo de los demás o de las circunstancias, y empezamos a confiar en nosotros mismos. Durante la realización de nuestra película *Confianza total*, creer en nosotros fue la clave del éxito. El pensar que podíamos lograrlo, más allá de que al principio no sabíamos cómo hacerlo, fue la fuerza que nos permitió realizar todos los aprendizajes que fueron necesarios. Tuvimos que estar atentos a que ninguna creencia limitante se interpusiera en la realización de nuestro sueño. El poder no está en saber hacer todo lo que nos proponemos, sino en tener la confianza que nos permitirá aprender a realizarlo.

Recordemos que, aun limitado por la pobreza, la soledad y hasta la enfermedad mental, Van Gogh pintó en menos de diez años novecientas obras maestras que abrieron nuevos caminos en la historia del arte. Vivió la mayor parte de su vida alentado por el amor de su hermano Theo, que siempre se interesó en sus sueños. Cuando Theo le preguntó cómo hacía para pintar así, él le respondió: «Yo sueño mis cuadros y luego pinto mis sueños».

## La importancia de rodearse de buena compañía

Es fundamental elegir la compañía de las personas que nos acompañarán en nuestro sueño, colaborando con nosotros o alentándonos. Rodearnos de personas motivadoras que nos impulsen, que crean en nosotros, es parte de afianzar nuestra confianza. Dicen que terminamos convirtiéndonos en el reflejo de las cinco personas con las que pasamos más tiempo. Si nos rodeamos de personas desmotivadoras o hipercríticas, de las que suelen hacer comentarios negativos, es muy difícil mantener la confianza. Cuando iniciemos nuestro sueño, cuando lo compartamos con otros, elijamos con quién hacerlo pues gran parte del resultado dependerá de esta elección.

En síntesis, para tener confianza en nosotros mismos y atravesar los desafíos, podemos usar dos guardianes de sueños: sepultar los «no puedo» —y otras creencias limitantes— y también elegir la compañía que nos rodea, pues las personas positivas nos permiten mantener un enfoque positivo, y eso es lo que necesitamos para pasar a la acción.

> *Aléjate de la gente que trata de empequeñecer tus ambiciones. La gente pequeña siempre hace eso, pero la gente realmente grande te hace sentir que tú también puedes ser grande.*
> 
> MARK TWAIN

## TERCER PRINCIPIO: PONERSE EN ACCIÓN

A veces sucede que contamos con lo esencial para cumplir con los dos primeros principios —tenemos un sueño y sentimos la confianza como para llevarlo adelante— y, sin embargo, no nos ponemos en acción. ¿Qué puede estar frenando el avance para hacer realidad nuestro sueño? Observemos el contenido de esta conversación, que se inició con el llamado de alguien con quien habíamos estado trabajando para destrabar aquellos puntos que no le permitían producir ciertos cambios y concretar sus sueños:

—¡Te llamo porque estoy feliz! Después de nuestra última conversación he reflexionado mucho, ¡y finalmente sé lo que quiero hacer! Me quedé pensando en esas preguntas que me hiciste: cuáles son mis puntos fuertes, qué es lo que realmente me apasiona hacer, qué me gustaría hacer aunque no me pagaran por hacerlo... ¡Hace una semana que casi no puedo dormir soñando con los detalles! —me contó muy entusiasmada Alejandra.

—¡Qué bueno! ¿De qué se trata? —le pregunté.

—Voy a combinar mis dos grandes pasiones: los viajes y la fotografía. ¡Y ya sé cómo hacer para vivir de ello! Recuerdo que me dijiste que a veces nos limitamos en nuestros sueños por miedo a creer que de eso no se puede vivir... ¡Pues, ya lo tengo!

—¡Me alegra tanto escucharlo! Cuéntame los detalles...

—Quiero crear una revista de turismo, con excelente fotografía y hacerla a un precio accesible, a diferencia de las que hay en el mercado...

—¡Qué bien! ¿Y confías en tus habilidades para hacerlo?

—¡Sí! Sé que soy muy buena fotógrafa y viajar me apasiona, además tengo muchos contactos con hoteles que querrán hacer publicidad en la revista, y tengo una amiga que trabaja en un periódico, así que ella podría asesorarme con la parte de la escritura... ¡Sí, tengo confianza en que esto es posible y que yo puedo llevarlo adelante!

—¡Excelente!, eso es muy importante... ¿Y cuál será tu primer paso?

—Y... mi primer paso será hablar con la jefa de redacción que te comentaba, y luego con los contactos de los hoteles.

—¿Cuándo vas a hacerlo?

—Ahora no es el mejor momento... Estamos cerca de Navidad, prefiero esperar a que pasen las fiestas.

—Ah, claro... Bueno, cuéntame después de las fiestas qué tal te fue.

Pasaron dos meses y no tuve noticias, hasta que volvimos a comunicarnos.

—¿Cómo viene el proyecto de la revista? —dije para motivar la charla.

—Bien, ahí anda... Siguen ocurriéndoseme muchas ideas, muy buenas por cierto.

—¿Y cómo te fue con los hoteles y la periodista? ¿Los llamaste? ¿Te reuniste?

—Bueno, en realidad no, todavía no... ¿Sabes lo que pasa? Me di cuenta de que tengo que tener el proyecto más armado antes de ir a verlos. Y no tengo tarjetas personales, debería encargar unas... Tampoco se me ocurrió el nombre de la revista... Prefiero esperar un poco a tener las cosas más ordenadas, me parece mejor.

¿Puedes imaginar el final de la historia? ¿Crees que la revista de turismo se hizo realidad? ¡Claro que no! Alejandra tenía un sueño bien definido, que la llenaba de entusiasmo, pues combinaba dos de sus grandes pasiones; también tenía confianza en sí misma, pero le faltaba convicción para pasar a la acción. A menudo los sueños no se materializan por eso mismo: por no hacer la llamada que hace falta, por no redactar la propuesta, por esperar a que estén todas las condiciones dadas, por aguardar que se reactive la economía, por elegir el mejor momento, por no tener suficiente dinero... ¡Siempre se trata de esperar y de postergar! Ponerse en acción es dejar de esperar, dejar de lado todas las explicaciones y excusas.

En nuestros cursos y seminarios siempre decimos que uno puede tener explicaciones y excusas *o* resultados. Lo que no se puede es tener ambos. Y es interesante ver que, si uno se pone a buscar explicaciones, siempre las encuentra. Las excusas son una trampa que nos tiende nuestra mente, que nos convence de que aquello que soñamos hacer no es posible, que está fuera de nuestra área de influencia y que, en definitiva, depende de otros. Stephen Covey explica que una gran cantidad de personas —el 70 por ciento según una investigación realizada en organizaciones— suele culpar a otros cuando las cosas van mal. «Por lo tanto, asumir la responsabilidad supondrá nadar contracorriente», dice el autor.

Muchas veces escucho a personas *explicar* el abandono de su sueño *por culpa* de sus hábitos: «Quiero tener una buena figura y disfrutar de la imagen que me devuelva el espejo, pero con todas las comidas de negocios que tengo no puedo, porque estoy demasiado acostumbrado a comer cosas con grasa… Es mi cuerpo el que me las pide». Cuando les pregunto a las personas qué les impide realmente tener la figura que sueñan, suelen responder: «Es que comer en exceso es un hábito muy arraigado en mí». Una respuesta que sigue siendo una explicación, pero no un resultado. Y a veces son explicaciones muy válidas… ¡pero inútiles!

La mejor forma de desarraigar un hábito es reemplazándolo por uno nuevo. Se dice que toma 30 días instalar un nuevo hábito. Si desde una postura de responsabilidad puedes observarte —sin juzgarte— y detectar la explicación o excusa que te está alejando de tu sueño, puedes elegir reemplazar ese hábito que no te sirve por uno mejor.

Hemos hablado mucho sobre los miedos, de la confianza y de la autoestima… Cuando aquello que nos detiene a la hora de ponernos en acción es el miedo, es momento de callarlo entrando en acción. «Quiero pedirle a mi jefe un aumento de sueldo, creo que me lo merezco, pero me da miedo.» ¡Entonces siente el miedo y pídeselo igual! Trabaja con tus pensamientos, con tu diálogo interno, utiliza el poder de las palabras, visualiza la conversación tal y como quieres que resulte… ¡y luego hazlo! De nada servirá todo el trabajo interior previo si, a la hora de pasar a la acción, te detienes.

Cuando lo que nos frena es la necesidad de que aquello que vamos a hacer sea perfecto, podemos recordar lo que ya hemos hablado en el primer capítulo sobre la diferencia entre el perfeccionismo y la excelencia. Como decimos en nuestra película: «Sueña en grande, y comienza por lo pequeño». No dejes de ponerte en acción por no poder dar el gran paso o hacer el gran cambio. Empieza haciendo aquello que esté a tu alcance y algo que siempre tienes a tu alcance es la posibilidad de pedir.

## Saber pedir

Cuando con mi equipo de Confidence Time Productions decidimos hacer la película *Confianza Total*, nuestra capacidad para pedir ayuda fue fundamental, sobre todo en el inicio de nuestro proyecto. «¿Cómo se les ocurrió soñar con algo así si ustedes no sabían cómo hacer un film ni un video?», nos han preguntado en reiteradas ocasiones. Es verdad... No sabíamos cómo hacerlo, pero sí sabíamos cómo pedir ayuda a quienes conocían del tema. Por eso una de nuestras primeras decisiones fue la de recurrir a un querido amigo, con gran experiencia en producciones, para pedirle consejos sobre qué pasos dar para hacerla. Fue gracias a él que conocimos a quienes se encargarían del rodaje y la postproducción de nuestro film. Cuando te animas a pedir ayuda, te empiezas a dar cuenta de la cantidad de gente que está dispuesta a ayudarte...

Jack Canfield asegura que pedir es uno de los principios más importantes para tener éxito; sin embargo, mucha gente no lo pone en práctica. «¿Por qué se tiene tanto miedo a pedir? Se tiene miedo de muchas cosas: a parecer desesperado, insensato o tonto. Pero la mayoría sobre todo tiene miedo a experimentar un rechazo. Teme oír la palabra *no*. Lo triste es que estas personas en realidad se están rechazando a ellas mismas por adelantado», explica Canfield.

Hacer un sueño realidad —grande o pequeño, de índole personal o empresarial— implica hacer peticiones. Pedir ayuda, consejo, dinero, asesoramiento, tiempo… Algunos de los pasos más importantes que Mark Hansen y Jack Canfield explican para hacer peticiones efectivas son:

1. Pide como si esperaras conseguirlo: pide con confianza. Cuando le pedimos algo a alguien, pero en nuestro interior tenemos miedo a que nos diga que no, esto se transmite. Recuerda el ya explicado fenómeno neurológico del contagio emocional.
2. Pide sabiendo que puedes conseguirlo: recuerda lo que dijimos sobre la importancia de las expectativas positivas, y sobre el funcionamiento del SARA.
3. Pide a quien te pueda ayudar: piensa en personas que hayan realizado algo parecido a lo que sueñas con hacer. Recuerda también lo que dijimos en el paso anterior sobre las personas motivadoras y las hipercríticas. ¡Pide a quien tenga una actitud mental de apertura!
4. Pide con claridad y precisión: es muy importante ser específico, poder decir exactamente lo que queremos, sin rodeos.
5. Pide repetidamente: ¡no te des por vencido cuando alguien te dice que no! Hay una estadística reveladora: el 94 por ciento de los vendedores dejan de llamar después de la cuarta llamada… ¡Y el 60 por ciento de las ventas se concreta justo después de la cuarta llamada!

¿Qué sucede cuando hemos realizado muchas acciones y aún no vemos los resultados? A veces quisiéramos que los resultados aparecieran más rápido y empezamos a preguntarnos por qué todavía no consigo lo que tanto estoy buscando, por qué no encontré a la pareja de mis sueños, cuándo voy a tener mi proyecto funcionando, por qué otros lo lograron y yo todavía no, cuándo va a cambiar mi suerte, cuándo vamos a empezar a ganar dinero… El éxito no es inmediato. Muchas veces detrás de lo que parece algo repentino, hay años de trabajo.

## Cuarto principio: perseverar

En la China hay un árbol que crece muy rápido: 5 centímetros por hora, 32 metros por mes. Podría decirse que es el árbol con el crecimiento más rápido del mundo… o el más lento, porque su cultivador tarda aproximadamente siete largos años en ver los resultados de su trabajo. Durante esos años el agricultor lo riega una y otra vez, lo abona con paciencia, y no se observa ninguna señal a primera vista. Absolutamente nada. Hasta que un día, de pronto, aparece a vislumbrarse el árbol, que crece a una velocidad vertiginosa. ¿Qué estaba sucediendo esos siete años en que parecía que nada sucedía? Ése era el tiempo que necesitaba el árbol para hacer crecer sus raíces, para que, cuando apareciera en la superficie, tuviera el sustento necesario para crecer firme. El bambú japonés nos recuerda que a veces hay sueños que requieren más tiempo del que nos imaginamos para dar sus frutos, pero que sólo el que persevera los verá.

*Si se siembra la semilla con fe y se cuida con perseverancia, sólo será cuestión de tiempo recoger sus frutos.*
Thomas Carlyle

Al perseverar ponemos en juego algo más que nuestra voluntad. Y eso se observa particularmente cuando los obstáculos que aparecen en el proceso de llevar a cabo un proyecto son demasiados. ¿Qué hacer entonces? ¿De dónde sacar la fuerza cuando los resultados no aparecen y las piedras en el camino se multiplican? ¿Cómo mantener la confianza cuando después de años de trabajo el bambú aún no se asoma? Ése es el momento de conectar el sueño con un propósito superior.

Puedes descubrir el propósito superior al preguntarte cómo puede tu sueño convertirse en un acto de servicio hacia otros, qué les aportarás a los demás al lograrlo. A veces creemos que el propósito superior es sólo para ciertas profesiones y que está limitado a ciertos roles —maestros, médicos, religiosos— pero, en verdad, todos podemos hacer que nuestros sueños y proyectos terminen siendo beneficiosos para otras personas.

En mayo de 1946 dos amigos se reunieron con el objetivo de crear una empresa de productos tecnológicos de primera calidad, un sueño que además tenía un objetivo superior: contribuir a la reconstrucción económica de su país, Japón. Ya en ese año hablaban de cosas que al día de hoy son innovadoras: querían que el ambiente de trabajo fuese divertido y dinámico y que sus empleados sintieran satisfacción y placer al trabajar allí. Se animaron a soñar en grande y a poner objetivos a muy largo plazo: de este sueño surgió SONY, una empresa nacida con un propósito superior. Y también con confianza total: a poco de nacer, un episodio pondría a prueba cuánto creían en sí mismos.

En los inicios de esta empresa, cuando todavía era una firma chica y casi desconocida, Bulova —una organización mucho más grande por entonces— les encargó la producción de 100.000 radios a transistores, lo cual seguramente habrá sido una gran noticia para ellos. Sin embargo, decidieron rechazar esa gran orden de compra. ¿Por qué? Porque Bulova les ponía, como condición de compra, que las radios llevaran el nombre de su empresa, y no el de SONY. Al conocer esto, Akio Morita rechazó la compra con el siguiente argumento: «Dentro de 50 años, le prometo que nuestro nombre será tan famoso como el de su empresa».

## ¿Qué hacer cuando alguien nos dice que no?

Cuando pedimos ayuda para concretar nuestros sueños y la respuesta es negativa por múltiples y posibles razones —porque no hay presupuesto, porque no hay interés o porque hay otras prioridades y necesidades— conviene recordar que la historia está llena de ejemplos de personas que fueron rechazadas y que de todos modos supieron perseverar. Graham Bell, el científico e inventor escocés, tenía el sueño de crear un aparato que permitiera oír a los sordos, seguramente motivado por un propósito superior: ayudar a su madre y a su hermana, que eran sordas. Cuando le ofreció al Western Union Bank la venta de la patente por 100.000 dólares, le contestaron: «¿Y quién va a estar interesado en este juguete?» Dos años después el banco ofreció 24 millones por la patente, pero Bell ya no estaba interesado en venderla.

*Nunca andes por el camino trazado, pues te conducirá únicamente hacia donde los otros fueron.*

GRAHAM BELL

## Haciendo realidad nuestros sueños

Todo comienza con la fuerza de una visión, con descubrir aquello que te hace sentir vivo, feliz, apasionado. Todo empieza en el instante en que decides poner detalle y color a aquello que más anhelas conseguir.

Para lograr excelentes resultados, es fundamental que tengas confianza en ti, que tengas la convicción de que puedes alcanzar tus sueños.

Recuerda que incluso de experiencias no tan gratas, y hasta de impedimentos extremos, puede surgir algo bueno, y que en realidad el único fracaso es decir: «No puedo». Recuerda también que la palabra satisfacción significa «suficiente acción» y que animarse a pedir puede ser uno de tus mejores aliados para hacer realidad tus sueños.

No olvides que en tu camino tal vez haya obstáculos. Si eso ocurre, no desesperes. No abandones tu meta. No te des nunca por vencido...

Recuerda que a veces, cuando pareciera que nada da sus frutos, debajo de la tierra que con tanto amor has cultivado están forjándose las raíces de un bambú que, cuando asome, crecerá y crecerá sin que nada lo detenga. Y podrá ser para ti el árbol más bello del mundo, porque habrá crecido de la semilla que tú mismo sembraste y abonaste.

## PRÁCTICAS

### I. Cómo diseñar un sueño

Antes de dar inicio a esta práctica, elige un lugar donde te sientas cómodo y donde no vayas a tener interrupciones. Si pones una música de fondo, eso puede contribuir a crear un clima auspicioso, va a predisponerte favorablemente. La música barroca —Haendel, Vivaldi, Corelli— o alguna composición de Mozart son ideales para acompañar este momento.

Lo que vamos a hacer ahora es un viaje al interior de ti mismo, en busca de un sueño... Concéntrate por unos instantes en tu respiración, en el aire que entra y en el aire que sale de tu cuerpo. Inhala y exhala con conciencia, para aquietar la mente y centrarla en el momento presente.

Ahora te invito a que elijas un área de tu vida en la que quieras tener un sueño, que tenga que ver con el tiempo libre y la recreación, las finanzas, el servicio a la comunidad, la espiritualidad, las relaciones familiares o amistosas, la carrera o el trabajo, la salud y los deportes, algún tipo de aprendizaje... Céntrate en esa área que quieras cultivar con la guía que te proveen estas preguntas:

- ¿Qué te gustaría lograr, crear, tener?
- ¿Puedes imaginarlo?
- ¿Puedes verlo?
- ¿Con quién te gustaría realizar tu sueño? ¿Dónde? ¿Cuándo?
- ¿Puedes verte lográndolo? ¿Estás en el cuadro que proyectas?
- ¿Cómo te sientes al imaginarlo?

Proyecta las imágenes de lo deseado en tu mente, con todos los detalles posibles, como si estuvieras pintando un cuadro. Agrégale colores, sonidos, sensaciones... Crea en tu mente una imagen cruzada por todas las sensaciones posibles y déjate inundar por las emociones que se producen al proyectar esas imágenes. Si no puedes profundizar la visualización, puedes ponerle palabras a tu sueño: descríbelo. Imagínalo como si ya lo estuvieras viviendo, y concéntrate en el sentimiento que experimentas al alcanzar tu sueño. Recuerda seguir inhalando y exhalando con conciencia, para lograr una mayor concentración.

Cuando hayas logrado una imagen clara de lo que quieres o una descripción lo más exacta posible de tu sueño, puedes concluir este ejercicio expresando agradecimiento hacia ti por dar ese primer paso tan importante, sabiendo que si el sueño está bien definido, es muy probable que lo alcances. Ya has dado el primero paso... ¡ahora adelante!

# EPÍLOGO

¿SE PUEDE APRENDER A SER FELIZ?

Los datos son contundentes: las personas que son más felices viven más años, son las más productivas y establecen las mejores relaciones sociales. Entonces sí ahora, por fin, la felicidad es un tema que interesa a los académicos.

¿De qué depende la felicidad? Esta pregunta que se formularon la filosofía y la religión desde siempre fue recientemente analizada por los científicos de la prestigiosa institución Royal Society of Arts de Gran Bretaña, la cuna de la investigación científica, lo cual sorprendió a toda su comunidad por ser un tema no habitual en sus conferencias.

Organizaron un seminario de dos días al que llamaron *La ciencia del bienestar*. En ese encuentro estaba el doctor Seligman, el famoso psicólogo positivista de la Universidad de Pennsylvania, que postuló algo muy interesante, y totalmente en línea con lo que hemos desarrollado en nuestro libro. Para referirse a la felicidad señaló tres niveles: la vida placentera, la buena vida y la vida con sentido. El primer escalón de la felicidad, al que llamó «la vida placentera», depende de los placeres y de aprender a disfrutarlos, por ejemplo compartiéndolos con los demás. Es una etapa en la que la felicidad también tiene que ver con obtener bienes, logros concretos y otros factores externos a uno mismo. Por lo tanto, ésta es una felicidad poco duradera, pues según explica Seligman, «la felicidad originada en el placer termina con él y se pierde bajo las olas del devenir».

En el segundo nivel, al que Seligman denomina «la buena vida», la felicidad se define en términos de la satisfacción que obtenemos al usar nuestros talentos y dones. Ésta es una felicidad que dura mucho más que la anterior, pues tiene que ver con descubrir quiénes somos de verdad. Está relacionada con la idea de *eudaimonia* de Aristóteles —plenitud del ser—, y se produce cuando descubrimos nuestros talentos y los usamos la mayor cantidad de tiempo posible, así podemos fluir.

El tercer nivel, al que Seligman llama «la vida con sentido», se refiere a la felicidad trascendente, que se obtiene al vivir con un propósito superior, que redunda en una actitud de servicio; al poner nuestras virtudes y talentos al servicio de alguna causa que sea más grande que nosotros mismos. El autor explica que «de esta manera dotas de sentido a toda tu vida», y promete que «si alcanzamos la vida con sentido y la buena vida con un toque de vida placentera, podemos darnos por hechos».

Desde esta concepción, la felicidad tiene que ver con los valores que elegimos para nuestra vida y no está directamente relacionada con los bienes o logros que podamos acumular. Eduardo Punset afirma en su libro *El viaje a la felicidad* que «el aumento de los niveles de infelicidad en el mundo de hoy se explicaría por una inversión excesiva en los bienes materiales, en detrimento de valores de mantenimiento más intangibles». Y amplía esta idea al decir que la sociedad moderna ha invertido demasiado en objetos y muy poco en cuestiones menos tangibles, como son las actitudes y los valores que nos permitan vivir con felicidad.

¡Qué gran tema el de la felicidad! ¿Será por eso que los sabios de todos los tiempos lo han abordado, y que muchas veces se nos presentó sólo como patrimonio de los iluminados? Desde nuestra perspectiva, la felicidad es algo que todos podemos alcanzar en el momento en que tomamos conciencia de que podemos participar activamente en el diseño de nuestra vida. Que podemos deshacernos de los resabios cartesianos que nos llevan a pensar, equivocadamente, que nosotros «somos» de determinada manera. Que podemos dejar de ser víctimas de circunstancias, para ser protagonistas de la vida. Que podemos dejar de ver las buenas oportunidades como aquello que le sucede a otros y que la felicidad empieza cuando empezamos a querernos, a darnos cuenta de que podemos cambiar esos patrones de conducta que no nos gustan y reemplazarlos por otros nuevos. Que para hacerlo es bueno aprender y desaprender lo que haga falta, cuantas veces sea necesario.

La felicidad es una elección de cada día, que empieza cuando decidimos ver lo bueno y, a la vez, imaginarlo. Cuenta la leyenda que el rey Pigmalión esculpió la estatua de una mujer y, al comprobar cuán bella era, deseó fervientemente que cobrara vida. El deseo inundó su corazón y su mente hasta convencerse de que aquello que tanto anhelaba podía cumplirse. Finalmente un día, al amanecer, descubrió que Galatea, la mujer soñada, había cobrado vida. ¡Su deseo se había hecho realidad! De eso se trata el efecto Pigmalión: de creer que nuestras ideas y sueños pueden cumplirse.

Y a eso nos invita *Confianza Total*: a no dudar. No dudar de nosotros mismos. Se trata de saber que podemos equivocarnos y que, cada vez que caemos, nos podemos poner de pie. No dudar, una lección de confianza total que nos enseñó Jesús cuando le dijo a Pedro, «ven a mí». Pedro creyó y caminó sobre las aguas. De pronto, la fuerza de las olas del mar sobre el que estaba caminando lo hicieron dudar. Y en el instante en el que dudó, se cayó. Cuando las olas peguen contra nuestra barca, y se sacuda con fuerza, no dudemos. Podemos salir adelante. No dudemos de la vida, detrás de sus tormentas, están los arco iris. No dudemos de Dios, tiene un plan perfecto del que somos parte.

Seamos los primeros en poder percibir todo lo bueno que hay en nosotros, y luego lo harán las demás personas. Seamos los primeros en imaginar todo lo bueno que podemos realizar, y luego vendrán los ajustes, los cambios. Tal vez aparecerán después de la búsqueda y del esfuerzo, otras veces vendrán casi inesperadamente, pero siempre que estemos abiertos a percibir lo bueno, a imaginarlo y a desearlo con todo el corazón. Empecemos por mostrarle a nuestros ojos lo que queremos ver.

No nos autolimitemos y recordemos que los éxitos por sí solos no traen felicidad. Los logros y los éxitos pueden llevarnos a la felicidad sólo si estamos contentos con nosotros mismos. Si alcanzamos el éxito pero seguimos sintiendo un vacío, no estamos siendo felices.

Tomar conciencia real de que nosotros podemos participar en el diseño de nuestra vida es la clave de la transformación. Adueñarnos de nuestros días para colmarlos de felicidad. Cuando el camino se llene de obstáculos y de problemas, confiemos en nosotros mismos y en nuestras capacidades. Cuando a nuestro alrededor todo sea negro, recordemos que nuestro optimismo y entusiasmo pueden iluminar nuestro camino. Cuando tengamos miedo y caigamos en la desesperación y pensemos que el amor es para otros, recordemos que el amor está en nuestro interior. El amor empieza por la forma en la que nos tratamos a nosotros mismos.

La felicidad tiene que ver con elegir vivir cada día con conciencia, plenitud y amor. Desde esta conciencia podemos aprender a ver el milagro de estar vivos hoy. La felicidad no es una meta a alcanzar, sino el resultado de vivir de una cierta manera: con confianza. No importa cuántas capas de miedo la recubran, cuando comenzamos a atravesar los desafíos que nos presenta la vida, si nos dejamos guiar por el amor, el miedo se desvanece y la confianza resurge.

Nuestra vida es nuestra, nadie la puede vivir por nosotros. Para vivir con felicidad, hoy sabemos que podemos despertar al líder que hay en nosotros y transformarnos en nuestro mejor consejero. Podemos guiar nuestros pensamientos, escuchar nuestras emociones y acuñar un sueño que permita que usemos todos nuestros talentos, para permitirnos trascender.

> *Cree en las mariposas. Si ellas pueden volar 1.000 millas, piensa en lo que tú puedes hacer. Estás vivo: celebra cada instante. Descubre lo que el mundo necesita, aquello que tú crees con todo tu corazón. Un servicio que verdaderamente haces bien y que te encanta. Haz eso. ¡Zambúllete!*
> 
> SAMI SUNCHILD

La felicidad no es algo que alcanzaremos algún día, cuando terminemos de aprender a usar estas herramientas y las apliquemos, o cuando hagamos realidad todas nuestras metas, sino que es algo que podemos iniciar ya mismo, al terminar de leer este libro, al saber que es posible vivir una vida sin miedos, con confianza total, desde el paradigma del amor. De nada sirven los conocimientos, los descubrimientos científicos, las historias de vida, los aportes del *coaching* y del aprendizaje efectivo que hemos presentado si no funcionan como llaves para que vivamos mejor y seamos más felices. Por eso, no desperdiciemos ni un minuto más de nuestra vida. ¡Comencemos a vivir mejor hoy mismo!

## Confianza total

Aun en momentos de oscuridad
puedo ser yo mismo.

Aun cuando las cosas salen mal,
puedo encontrar una oportunidad en cada dificultad.

Puedo ser yo mismo,
aun cuando estoy herido.
Mis heridas me sirven para comprender
que todos necesitamos amor.

Ya no tengo miedo al fracaso.
Puedo caerme, levantarme
y volver a empezar.
Soy flexible.
Puedo cambiar.

Soy un aprendiz.
No tengo que ser perfecto.
Estoy aquí para aprender.
Valoro todos mis esfuerzos.
Uso mis talentos.
Merezco tener éxito.

Puedo responder a lo que me sucede.
Elijo mis palabras, mis pensamientos,
mis acciones, mis sentimientos.
No dejo que el miedo interfiera.
Me animo a soñar en grande.

¿Imposible?
¡Yo soy posible!
Todo es posible.

Nací con mucha confianza.
Si la voz del miedo me dice:
«No puedes hacerlo…»
¡Lo haré de todos modos!

Elijo navegar lejos del puerto seguro
y encontrar mi propio camino.
Mi imaginación me lleva a nuevos mundos…
Puedo explorar, puedo descubrir, puedo crear.

Soy un ser agradecido.
No doy por sentado
ni a las personas ni a las cosas.
«Gracias» es mi plegaria diaria.

Puedo aportar algo al mundo.
Puedo dejar un legado.
Puedo ser yo mismo.

No estoy perdido…
En momentos de incertidumbre, busco la fe.
No estoy solo…
En momentos de tristeza, encuentro esperanza.
No estoy asustado…
En momentos de miedo…

Elijo el amor.

VERÓNICA DE ANDRÉS Y FLORENCIA ANDRÉS

# Bibliografía

## 1 Los dos paradigmas que mueven al mundo

Cirincione, Diane y G. Jampolsky: *Forgiveness the cornerstone of attitudinal healing*, 2006. Disponible en http://www.jerryjampolsky.com/i/FORGIVENESS.pdf

Csizentmihalyi, Mihalyi: *Aprender a fluir*, Barcelona, Kairós, 2003.

Davidson, Richard: «Meditación y Aprendizaje», en Eduardo Punset, *Redes para la ciencia*, 2009. Disponible en http://www.redesparalaciencia.com/1799/redes/2009/redes-50-meditacion-y-aprendizaje

Goldberg, Elkhonon: *Neuroplasticidad*, 2008. Disponible en http://www.authorstream.com/Presentation/claudiabergonzi-127938-neuroplasticidad-entertainment-ppt-powerpoint/

Goleman, Daniel: *La inteligencia emocional*, Barcelona, Kairós, 1996.

Jampolsky, Gerald: *El amor es liberarse del miedo*, Madrid, Los libros del comienzo, 1998.

Seligman, Martin: *La auténtica felicidad*, Barcelona, Ediciones B, 2003.

## 2 Vivir sin miedo

Frankl, Viktor: *El hombre en busca de sentido*, Barcelona, Herder, 2004.
King, Marylin: *Dare to imagine*, Colorado, Aurora, 1998.
Sapolsky, Robert: «Un encuentro con Sapolsky», en E. Punset, *El viaje a la felicidad*, Barcelona, Ediciones Destino, 2005.
Toynbee, Arnold: *Estudio de la historia*, Madrid, Alianza Editorial, 1998.

## 3 Confianza y autoestima

Branden, Nathaniel: *La autoestima en el trabajo*, Barcelona, Ediciones Paidós, 1999.
—: *Los seis pilares de la autoestima*, Barcelona, Paidós, 2003.
Burns, Robert: *Sentirse bien*, Barcelona, Editorial Paidós, 1998.
Canfield, Jack: *Una taza de chocolate caliente para el alma*, Buenos Aires, Editorial Atlántida, 1993.
Coopersmith, Stanley: *The Antecedents of Self-Esteem*, San Fransisco, Freeman and Co., 1967.
Covey, Stephen R.: *El factor confianza*, Buenos Aires, Ediciones Paidós, 2008.
Lawrence, Denis: *Enhancing Self-Esteem in the Classroom*, London, Paul Chapman Publishing Ltd., 1988.
Maslow, Abraham: «Motivation and Personality», en *Educational Review*, 31, (1), 51-57.
Punset, Elsa: *Brújula para navegantes emocionales*, Madrid, Aguilar, 2008.
Reasoner, Robert: «You can bring hope to failing students», en *School Administrator*, April 1992, 49, 23-30.
Rogers, Carl: *Client-centred Therapy*, Boston, Houghton-Mifflin, 1995.

Rojas Marcos, Luis: *La autoestima*, Madrid, Espasa Calpe, 2007.
Satir, Virginia: *The new peoplemaking*, Haddon Craftsmen, 1998.
Williamson, Marianne: *Volver al amor*, Barcelona, Books4pocket, 2007.

## 4 El poder de las emociones

Belluck, Pam: «Expresar emociones positivas alarga la vida», en *La Nación*, Buenos Aires, 8 de mayo de 2001.
Boyatzis, Richard; Daniel Goleman y Annie McKee: *El líder resonante crea más*, Buenos Aires, Sudamericana, 2004.
Freeman, Joshua: *Fight or Flow*, Part I: «Hit Back First». Disponible en: <http://www.6seconds.org>
Goleman, Daniel: *La inteligencia emocional*, Barcelona, Kairós, 1996.
Kofman, Fredy: *Metamanagement la nueva conciencia de los negocios*, Buenos Aires, Granica, 2005.
Pert, Candace: *Molecules of Emotion*, Canadá, Harper Collins, 1999.
Servan-Schreiber, David: *Curación emocional*, Barcelona, Kairós, 2005.

## 5 El poder de los pensamientos

Burns, Robert: *Sentirse bien*, Barcelona, Editorial Paidós, 1998.
Canfield, Jack: *Los principios del éxito*, México, Océano, 2005.
Pert, Candace: *Molecules of Emotion*, Canadá, Harper Collins, 1999.
Piering, T: *Mastery: a technology for excellence and personal growth*, California, Sun West Publishing Co, 1991.
Punset, Eduardo: *El viaje a la felicidad*, Barcelona, Ediciones Destino, 2005.

Tolle, Eckhart: *El poder de ahora*, Madrid, Gaia, 2009.
Yogananda, Paramahansa: *La ley del éxito*, Estados Unidos, Self-Realization Fellowship Publishers, 2001.

## 6 El poder de las palabras

Canfield, Jack: *Los principios del éxito*, México, Océano, 2005.
Echeverría, Rafael: *Ontología del lenguaje*, Buenos Aires, Granica, 2008.
Elton, Chester y Adrian R. Gostick: *The carrot principle: How the best managers use recognition to engage their employees, retain talent, and drive performance*, Estados Unidos, Free Press, 2007.
Penn, Arthur: *The miracle worker*, Estados Unidos, United Artists, 1962.
Ruiz, Miguel: *Los cuatro acuerdos*, Barcelona, Urano, 2002.

## 7 Inteligencia emocional y liderazgo extraordinario

Baines, Lawrence: *How to get a life*, Atlanta, Humanics, 2003.
Boyatzis, Richard, Daniel Goleman y Annie McKee: *El líder resonante crea más*, Buenos Aires, Sudamericana, 2004.
Boyatzis, Richard y Annie McKee: *Resonant Leadership*, US, Harvard Business School Press, 2005.
Chouinard, Yvon: *Let my people go surfing: The education of a reluctant businessman*, New York, Penguin Group, 2005.
Gardner, Howard: *Inteligencias múltiples, de la teoría a la práctica*, Barcelona, Paidós, 1998.
Goleman, Daniel: *Working with Emotional Intelligence*, New York, Bantam, 1998.
Hahn, Thich N.: *El arte del poder*, Barcelona, Oniro, 2008.
Punset, Eduardo: *El viaje a la felicidad*, Barcelona, Destino, 2005.

**8 El poder de los sueños**

Branden, Nathaniel: *Los seis pilares de la autoestima*, Barcelona, Paidós, 2003.
Canfield, Jack y Mark V. Hansen: *The Aladdin Factor*, Estados Unidos, Berkeley Trade, 1995.
Canfield, Jack: *Los principios del éxito*, México, Océano, 2005.
Dilts, Robert: *Strategies of Genius*, Volume One, MET a Publications, 1995.
Roberts, Monty: *El hombre que escucha a los caballos*, Madrid, Tutor, 2005.

## Agradecimientos

Queremos agradecer a Editorial Planeta por haber confiado en nosotras; a Ricardo Sabanes, quien fue uno de los primeros en imaginar el libro; a Ignacio Iraola por haberle dado curso, y a Graciela Gliemmo, nuestra editora, por su mirada positiva, por habernos dado tantas sugerencias valiosas y, sobre todo, por habernos animado a escribir.

Yo, Verónica, quiero agradecer a mi familia. En primer lugar a mi marido, Héctor, por ser el viento que impulsa mis sueños y me anima, desde siempre, a navegar lejos del puerto seguro... A mis hijos, que son mi mayor fuente de orgullo y felicidad: Sol, Agustín y Florencia, gracias por darme tanto amor y tanta confianza, gracias por ser el aliento de todos mis proyectos. Sol, gracias por tu apoyo constante, por tu interés en todo lo que hago y por tu asesoramiento con los datos médicos. Agustín, gracias por ser tan bueno y comprenderme durante la realización de este libro, y por leer parte de este manuscrito con tanto amor. Y Florencia, gracias infinitas a ti, por ser la inspiradora y motivadora de tantos proyectos que nos unen, gracias por impulsarme a volar más alto, y por acompañarme en este vuelo siendo la magnífica coautora de este libro, que es el resultado de un trabajo en equipo. Por eso quiero agradecer especialmente a Lucas, mi hijo político, por ser parte fundamental de nuestro equipo. Gracias, Lucas, por tu mirada positiva y también aguda al leer tantas veces estas páginas y sugerir excelentes cambios y correcciones. Y, por sobre todas las cosas, gracias por tu sabiduría: tienes eso que tantos buscan.

Quiero agradecer a mis padres, Diego y Norma, porque me dieron la vida, porque yo sé que me amaron y siempre me animaron a superarme. A mis padres políticos Delia y Rubén, porque también me han apoyado siempre. A Carucha y Nino, por haber sido mis tutores, movidos solamente por el amor, cuando perdí a mis padres. A todos mis amigos y familiares; a mi prima María Martínez Vilá por su amor, y a todos los que me quieren. No quiero correr el riesgo de olvidar a alguno (¡ya me ha pasado otras veces!), por eso prefiero nombrar a mi amiga de toda la vida, Marcela Renieri, que de alguna manera representa a todos los amigos que se alegran con mis aciertos y me apoyan con su amor cuando atravieso desafíos. Gracias, Marcela, por tu amistad incondicional, que perdura en el tiempo.

También quiero agradecer a mi colega y amiga Jane Arnold, con quien he escrito el libro *Seeds of Confidence*, que brinda herramientas a los educadores, para trabajar la confianza. Jane, gracias por tu apoyo de siempre. Y a mis colegas del SEAL del mundo entero por tantas experiencias enriquecedoras a lo largo de tantos años.

Quiero agradecer a mis maestros, a todos los que me formaron con amor; cada uno ha dejado una huella indeleble en mi corazón. Con especial cariño recuerdo a mi tutora de tesis de Oxford Brookes University, Barbara Lalljee. También quiero agradecer a Jack Canfield, a Nathaniel Branden y a Bob Reasoner, que son mis grandes maestros —y hoy amigos— en el tema de la autoestima. A Grethe

Hooper Hansen, otra gran amiga y maestra, por haberme ayudado a creer en mí, por haberme dicho hace muchos años que yo estaba destinada a hacer grandes cosas. Aún no estoy segura de eso, sin embargo sí creo que este libro hará grandes transformaciones en la vida de las personas.

Quiero agradecer a mis alumnos, clientes y participantes de cursos y seminarios de tantas partes del mundo; a los de Alemania, Estados Unidos, Finlandia, Grecia, Holanda, Inglaterra, Israel, Nigeria, Nueva Zelanda, Suecia y, en especial, a los de Argentina, mi querido país, y a los de España, país al que amo como si fuera propio... ¡Seguramente allí están las raíces de mis ancestros dándome fuerza! La cantidad de alumnos que han pasado por mis cursos en mis veinte años de experiencia es muy grande, y ciertamente no podría nombrarlos a todos... He aprendido con vosotros mucho más de lo que puedo enseñar; en especial gracias a Yolanda Navarro, una alumna sevillana que hoy es mi maestra de vida.

Y quiero agradecer a Dios, por estar tan presente en mi vida, y por hacerme sentir que siempre puedo confiar en Él.

Yo, Florencia, en primer lugar agradezco a mi marido, Lucas Palmero, por ser mi compañero de vida y de sueños. Gracias por ser un pilar de confianza en cada uno de nuestros proyectos y por inspirarme siempre a dar lo mejor de mí. Gracias por enseñarme que se puede soñar en grande, que lo que no se sabe se puede aprender y que la felicidad está siempre allí, al alcance de la mano.

Gracias a mi padre Héctor Andrés, por ser una guía tan noble en mi vida y por acompañarme en todos mis pasos desde hace más de 30 años... Gracias por hacer tanto por mí y por nuestro equipo en Confidence Time Productions. Gracias a mi madre y gran maestra Verónica, por haberme animado desde siempre a descubrir y a usar mis talentos. Gracias por invitarme a escribir este libro, por darme un espacio tan importante en los cursos y seminarios, por enseñarme a enseñar en la universidad, por haber aceptado el desafío de hacer una película y sobre todo... por lograr una total coherencia entre lo que enseña y lo que es, y por poner tanto amor y conciencia en su vida y en su trabajo.

Gracias también a mis hermanos menores, Sol y Agustín Andrés. Sol, gracias por apoyar siempre nuestro trabajo: ¡es un lujo contar con la asesoría de una médica tan inteligente! Agustín, gracias por leer con interés nuestro manuscrito: ¡desde tu mirada de flamante director de empresas, tus aportes fueron muy importantes! Tengo la bendición de tener una familia muy grande y quiero agradecerles a todos: a mis abuelos, a mis tíos, a mis primos y también a los Palmero, mi querida familia política, por acompañar nuestros proyectos con alegría. A mis amigas del alma Magalí Musmanno y Megan Greene, gracias por creer en mí desde siempre y por estar tan presentes desde el inicio de Confidence Time Productions.

Un especial agradecimiento a mis alumnos de la maestría en la universidad y a mis clientes del Programa de Coaching Personal, por depositar tanta confianza en mí y por inspirarme a aprender cada día más.

Gracias también a los participantes de nuestros cursos y seminarios, es apasionante compartir esos espacios de aprendizaje con personas tan interesantes. A Mónica Boysen, Ana García, Adirsa López y Mónica Mc Cormick por organizar con tanto cariño algunos de nuestros cursos en Buenos Aires.

Habrán visto que en este libro hablamos de la importancia de saber rodearse de personas inspiradoras y comprometidas para hacer un sueño realidad... Queremos agradecer al equipo con el que hicimos la película *Confianza Total*, que dio origen a este libro. Gracias por comprometerse tanto en la producción de esta película, por el resultado final y, sobre todo, ¡por la alegría del proceso! Un reconocimiento especial a nuestra editora Rosario Turina y a Gustavo Bonifetto, nuestro asesor y amigo, por vivir este sueño como propio. También a todos los que abrieron puertas para que nuestra película en DVD llegara a más de 30 países. Sentimos especial gratitud por Xavier Catafal Rull y su equipo, por la gran labor realizada en España.

Queremos agradecer también a las personas que todos los días, desde diferentes lugares del mundo, nos escriben a nuestra página web con agradecimientos, preguntas y comentarios… Aunque no tengamos tiempo de responder a todos, siempre nos dan alegría sus palabras, ¡gracias!

Finalmente, queremos dar gracias a Dios por su incuestionable presencia, guía y sostén en cada uno de nuestros días.